Ernst Willkomm

Gesellen des Satan

1. Band

Ernst Willkomm

Gesellen des Satan
1. Band

ISBN/EAN: 9783744681919

Hergestellt in Europa, USA, Kanada, Australien, Japan

Cover: Foto ©ninafisch / pixelio.de

Weitere Bücher finden Sie auf **www.hansebooks.com**

Roman in zwölf Büchern

von

Ernst Willkomm.

Zweite Ausgabe.

—

Erste Abtheilung:

Die Saat des Bösen.

Drei Bände.

Jena,

Hermann Costenoble.

1869.

Die Saat des Bösen.

Roman

von

Ernst Willkomm.

Zweite Ausgabe.

Erster Band.

Jena,

Hermann Costenoble.

1869.

Inhaltsverzeichniß.

Erstes Buch.

Zweites Buch.

Erstes Buch.

1.

Das Haus des Bleichers.

Schönlinde heißt eine kleine, offene Landstadt
am gebirgigen Nordrande Böhmens, wo dieser
an die sächsische Oberlausitz grenzt. Die Lage
des betriebsamen Ortes, welchen eine gut erhal=
tene Chaussée mit anderen gewerbreichen Städten
des Königreichs verbindet, ist von überraschender
Schönheit. Auf schräg ansteigenden Wiesen hat
man Garnbleichen angelegt, die bei hellem Sonnen=
licht stundenweit sichtbar werden, in der Nähe
aber einen interessanten Anblick durch das Schaffen
der Knechte gewähren, die von früh bis Abends
darin thätig sind. Eine aufgelöste Kette bildend,
durchschreiten sie die blitzenden Garnfelder, tact=
mäßig mittelst eigenthümlich geformter hölzerner
Schaufeln breite ' Wasserstrahlen aus großen

Kübeln über das ausgebreitete Garn sprengend,
die herbeigeleitete Bergquellen immer von Neuem
mit lebendigem Wasser füllen.

Die Garnbleichen Schönlinde's waren von
jeher berühmt und deshalb auch von den vielen
großen Fabrikanten, welche in den umliegenden
volkreichen Ortschaften Böhmens wie der Lausitz
vorzugsweise die Linneninduftrie mit Glück be=
treiben, sehr gesucht.

Eine dieser Bleichen, und zwar die größte, lag
am Nordende des Städtchens. Ihr Besitzer hieß
Moosdörfer, und galt für einen schwer reichen
Mann. Seinem Hause sah man die Wohlhaben=
heit des Eigenthümers nicht an, denn es war
ein altes, verbautes, winkliges Gebäude aus
Fachwerk, das vor anderen ähnlichen Häusern nur
durch ein neues Schindeldach in die Augen fiel,
das Moosdörfer vor Jahresfrist hatte aufsetzen
lassen. Am Wiesenhange der Bleiche gelegen,
führte eine bedeckte Holztreppe in die bewohnten
Zimmer der ersten Etage; das Parterregeschoß
war zu Lagerräumen eingerichtet, enthielt aber
außerdem auch noch eine gut assortirte Glas=
handlung, wie man deren in den böhmischen
Landstädten viele findet. Auch diese Glashand=
lung gehörte Moosdörfer, obwohl er sie von

einem Andern betreiben ließ. Der industrielle
Bleicher, der seine reichen Mittel gern zweck=
mäßig und vortheilhaft anlegte, war nämlich auch
Mitglied einer jener großen Glashandlungscom=
pagnien, welche in den größten Handelsstädten
Europa's, vornehmlich aber am Mittelmeer, Nie=
derlagen haben, die unter Oberaufsicht eigens
dahin gesendeter Factoren stehen.

In den ersten dreißiger Jahren unserer Zeit=
rechnung hatte das Vermögen Moosdörfer's sich
so bedeutend vermehrt, daß er auf Anrathen
verständiger Geschäftsfreunde sich entschloß, auch
noch ein Banquier und Wechselcomptoir in
seinem Hause zu errichten. Die Lage des Ortes
wie die Zeitverhältnisse forderten von selbst dazu
auf, und der unternehmende Bleicher machte als=
bald vortreffliche Geschäfte. Er ward im eigent=
lichsten Sinne des Wortes Banquier, indem
er anderen Industriellen, vorzüglich aber den
Besitzern großer Rittergüter, ansehnliche Capita=
lien vorstreckte und bei Anleihen den Vermittler
spielte. Diese verschiedenen Operationen machten
den Namen Moosdörfer weit und breit bekannt
und brachten ihn mit verschiedenen hochgestellten
Persönlichkeiten in Verbindung. Der einfache
Garnbleicher verkehrte mit dem reich begüterten

Adel Böhmens, machte Reisen nach Wien, wo
sich ihm selbst die Hofburg erschloß, und sah
nicht selten in seinem unscheinbaren alten Hause
Grafen und Fürsten bei sich, die seinen Rath
wie seine Hülfe in Anspruch nahmen.

Man hätte meinen sollen, ein weltlich so
glänzend situirter Mann müsse in jeder Hinsicht
auch glücklich sein. Das war jedoch nicht der
Fall, obwohl Moosdörfer als erfahrener Welt=
mann das Leid, das ihn drückte, äußerlich Nie=
manden merken ließ. Achtzehn Jahre vor dem
Beginn unserer Erzählung hatte Moosböfer ein
schreckliches Familienunglück betroffen. Er war
mit einer gebildeten, zarten Frau aus guter
Familie verheirathet und lebte mit dieser in glück=
licher Ehe. Josephine, die einzige Tochter eines
vermögenden Glashändlers aus Kamnitz, gebar
ihm zwei Kinder, einen Knaben und ein Mädchen,
die fröhlich heranwuchsen und die Freude ihrer
Eltern zu werden versprachen. Vater und Mutter
ließen den Kindern, die mit geschwisterlicher Liebe
aneinander hingen, volle Freiheit der Bewegung
im Freien, ohne sie zu vernachlässigen. Die
Mutter insbesondere behielt ihre Lieblinge immer
im Auge, wenn der vielbeschäftigte Vater außer
dem Hause verweilte. Bei schönem Wetter war

die Bleiche der gewöhnliche Spielplatz der Ge=
schwister. Diesen verließen sie nur mit Bewilligung
der Mutter, um andere Gespielen in der Nach=
barschaft zu besuchen. Mit solchen betraten sie
wohl auch bisweilen den nahen Saum des Waldes,
an welchen die Bleiche grenzte. Allein geschah
dies nie; auch ward den Kindern streng befohlen,
vor Eintritt der Dämmerung wieder im Hause
zu sein.

Eines Tages nun, im Juli, gingen die Ge=
schwister Moosdörfer, damals Kinder von drei
und fünf Jahren, mit noch sechs Gespielen, von
denen die Aeltesten schon das zwölfte Jahr über=
schritten hatten, in den Wald, um Beeren und
eßbare Schwämme zu sammeln. Das Wetter war
schön, still, nur etwas schwül, und schon nach
Verlauf einer Stunde verkündigten die Wolken=
bildungen im Westen das Herannahen eines Un=
wetters. Ein rasch aufspringender Wind brachte
dasselbe so unerwartet schnell zum Ausbruche,
daß Jedermann davon überrascht wurde. Der
Kinder im Walde gedachten freilich Alle, sie
während des Wetters zurückzuholen, war aber
völlig unthunlich, da heftig niederströmender
Regen, finsteres Gewölk und vom Winde aufge=
wirbelter Staub alles Umschauen verhinderte.

Kaum aber legte sich das Toben des Wetter=
sturmes einigermaßen, so eilten eine Menge
Menschen nach dem Walde, um die Kinder zu
suchen.

Die Geschwister Moosdörfer fand man leider
nicht. Im brausenden Gewittersturme mochten
die Kleinen, von Angst befallen, sich gegenseitig
verloren haben. Ihre klagend rufenden Stimmen
verhallten ungehört im Rauschen des unter dem
Sturme sich beugenden Waldes. Obwohl man
die Nachsuchungen Tag und Nacht fortsetzte,
blieben die Kinder doch spurlos verschwunden.
Auch wiederholte Anzeigen in öffentlichen Blät=
tern, denen eine genaue Beschreibung des Ge=
schwisterpaares beigefügt war, hatten keinen Er=
folg. Niemand hatte die armen hülflosen Klei=
nen gesehen, Niemand entdeckte eine Spur von
ihnen. Man mußte zuletzt annehmen, daß sie
umherirrend in die zerrissenen, tiefen und wil=
den Sandsteinschluchten, welche die sogenannte
böhmisch = sächsische Schweiz bilden, gerathen und
hier an einem entlegenen Orte, wohin so leicht
kein Wanderer sich verirrte, vor Erschöpfung und
Hunger umgekommen seien.

Josephine erholte sich von diesem grausamen
Schlage des Schicksals nie wieder. Sie begann

zu kränkeln und ward von Jahr zu Jahr immer
elender, bis sie in gänzliches Siechthum verfiel.

Moosdörfer litt wahrscheinlich nicht weniger
als seine Frau, aber er war von zäherem Stoff
und suchte durch vermehrte Thätigkeit dem Kummer
zu begegnen, der an seinem Herzen nagte. Um
Kinder um sich zu haben, denen er seine Liebe
zuwenden, für die er sorgen könne, wollte er
einen Knaben und ein Mädchen von dem unge=
fähren Alter der Verlorenen adoptiren. Dagegen
jedoch sträubte sich Josephine mit solcher Heftig=
keit, daß er diesen Gedanken sehr bald aufgeben
mußte. Und wenn er sich in die Lage seiner
Frau versetzte, fühlte er auch, daß ein solcher
Ersatz die Mutter den erlittenen Verlust an jedem
neuen Tage immer schmerzlicher empfinden lassen
müsse. Nur junge Mädchen, noch zwischen Kind
und Jungfrau schwankend, duldete die schwer=
leidende Josephine um sich, und sorgte, daß sie
bei ihr den Hausstand lernten und sich zu prak=
tischen Hausfrauen ausbildeten.

Moosdörfer selbst, von Natur leichtblütig und
ein Lebemann, ward durch den Verlust seiner
Kinder auch in eine andere Bahn gelenkt. Hei=
teren Genüssen, wie ehedem, jagte er nicht mehr
nach, wenn er ihnen auch, wurden sie ihm ge=

boten, nicht aus dem Wege ging. Er hatte Sinn
für Musik und spielte mit ziemlicher Fertigkeit
die Orgel. In seinem Wohnorte ließ er sich
an Festtagen häufig auf der Orgel hören, was
ihn veranlaßte, so oft er daheim war, die Kirche
zu besuchen. Aber auch in den umliegenden
Ortschaften ward der musikliebende Bleicher nach
einigen Jahren eine bekannte Persönlichkeit, die
man oft kommen sah und die sich immer durch
originelles Orgelspiel ankündigte. Moosdörfer
fragte bei dem ihm innewohnenden Drange, den
Schmerz um die verlorenen Kinder in Tönen
auf der Orgel auszuweinen, nicht nach dem re=
ligiösen Bekenntniß der Gemeinde, deren Gesänge
sein Spiel begleitete. Er spielte eben so gern
und eben so ergreifend in protestantischen wie in
katholischen Kirchen, obwohl er selbst sich zum
Katholicismus bekannte.

So geschah es, daß er auf einer größeren
Geschäftsreise gerade Sonntags nach Rothstein
kam. Die Kirche war eben angegangen, und da
Moosdörfer die vollen, reinen Töne der Orgel
auffielen, stand er bald neben dem Organisten
oder Schulmeister und machte mit diesem Be=
kanntschaft.

Tobias Helfer trat dem Bleicher, den er

dem Namen nach längst schon kannte, gern den
Platz auf der Orgelbank ab und erfreute sich an
dem tüchtigen Spiel des eifrigen Dilettanten.
Moosdörfer mußte der Gast des bescheidenen
Mannes sein, der ein kleines Haus unfern der
Kirche bewohnte, und hier seiner Pflicht gewissen=
haft oblag. Die Tochter Helfer's, das einzige
Kind, das noch im Hause der Aeltern lebte, ge=
fiel dem Bleicher über die Maßen. Andrea sollte
im nächsten Jahre confirmirt werden, theilte ihm
der Organist mit, und dann unter fremden Leu=
ten — vielleicht als Kammerjungfer bei einer
vornehmen Herrschaft, meinte der Vater — ihr
Fortkommen suchen.

Dem widersprach Moosdörfer, zugleich aber
machte er dem schon bejahrten Organisten den
Vorschlag, die Tochter für einige Jahre in sein
Haus zu geben; da könne sie sich in allem Nö=
thigen vervollkommnen, ohne daß er Kosten da=
von haben solle, auch tüchtig in der Küche wer=
den, Einblick in verschiedene Branchen des Han=
dels gewinnen, und was dergleichen mehr sei.
Gefalle es dem jungen Mädchen bei ihm, so
werde er sie nicht eher wieder gehen heißen, bis
Andrea selbst den Wunsch nach Veränderung
äußere.

Dieser uneigennützige liebevolle Vorschlag
des reichen Bleichers ward angenommen. Im
nächsten Jahre, gleich nach Ostern vertauschte
Andrea das Haus ihrer Eltern mit dem beleb=
teren Moosdörfer's, lebte sich hier bald ein und
verstand sich durch angeborene Liebenswürdigkeit
und natürliches Wesen die Zuneigung der lei=
denden Josephine in so hohem Grade zu gewin=
nen, daß diese das Mädchen nicht mehr entbeh=
ren wollte. ---

So vergingen vier Jahre. Andrea war zur
Jungfrau aufgeblüht, und bei Allen, welche in
Moosdörfer's Hause verkehrten, wohl gelitten.
Josephine erholte sich wieder einigermaßen unter
der Pflege und im erheiternden Umgange des
jungen Mädchens, das von ihren Eltern, die
stets in bedrängten und sehr abhängigen Ver=
hältnissen lebten, ein großes Aufopferungstalent
ererbt hatte. Was Egoismus sei, wußte Andrea
offenbar nicht, denn was sie that, that sie immer
nur für Andere, nie für sich. Ueberhaupt schien
sie eigene Bedürfnisse gar nicht zu haben; we=
nigstens traten diese so in den Hintergrund, daß
das stets gefällige und immer heiter blickende
Mädchen nur für Andere da zu sein schien. —

An einem Wochenmarkttage Ende August

gab es auf Moosdörfer's Bleiche mehr wie ge=
wöhnlich zu thun. In langer Reihe hielten mit
Garnbündeln beladene Wagen, die von den um=
liegenden Ortschaften kamen, vor dem Eingang
zur Bleiche, und eine Menge Arbeiter war mit
Abladen und Packen beschäftigt, während Moos=
dörfer's Factor über das neu eingelieferte Garn
Buch und Rechnung führte. Moosdörfer selbst
konnte sich darum nicht bekümmern, da ihn an=
dere Geschäfte in seiner Wechselstube festhielten.
Denn an Markttagen gab es deren, welche
Geld begehrten, eben so viele, wie solcher, die
dem Bleicher Zahlungen zu machen hatten, und
alle derartigen Angelegenheiten besorgte Moos=
dörfer allein, da nur ihm die Verhältnisse sei=
ner verschiedenen Kunden genau bekannt waren.

Die Ankunft einer mit vier ausgesucht schö=
nen Rappen bespannten eleganten Equipage, die
vor dem Hause Moosdörfer's hielt, machte unter
den übrigen Wagenlenkern einiges Aufsehen.
Der Tressenrock des Kutschers wie des hintenauf
sitzenden Bedienten sagten den Leuten, die ihre
Wagen sehr zuvorkommend etwas zusammenscho=
ben, damit das glänzende Viergespann gerade
vor der bedeckten Treppe halten konnte, daß eine
vornehme Herrschaft dem Bleicher einen Besuch

2*

zugedacht habe. Das Wappen am Wagenschlage,
mit der Grafenkrone darüber, übersahen sie, weil
der aussteigende stattliche Herr, welcher die Hülfe
des Bedienten ablehnte, sie mehr interessirte.

„Ist Herr Moosdörfer zu Hause?" fragte
der Insasse der Equipage, ein Mann von mili-
tärischer Haltung, der ungeachtet seiner Jahre
— er mußte dem Aussehen nach wenigstens ein
Sechsziger sein — stutzerhaft gekleidet ging und
offenbar sehr eingebildet auf seine merkwürdig
kleinen Füße war, die fein gearbeitete Stiefeln
von Glanzleder bekleideten. Während der Knecht,
an welchen diese Frage in kurzem, herrischem
Tone gerichtet war, nur mit dem Kopfe nickte
und nach der steilen Treppe unter der Bretter-
bedachung zeigte, die mehr einer Hühnersteige
glich, hob sich der Fremde auf den Fußspitzen
und schlug die Absätze mit den blitzenden Sporen von Silber wiederholt zusammen, als wolle
er allen Umstehenden damit sagen: Seht, ich bin
ein Mann, vor dem Ihr allesammt zu Kreuze
kriechen müßt! Dann drehte er die lang herab-
hängenden Enden seines gefärbten Schnurrbartes zwischen den behandschuhten Fingern und
sagte zu dem Bedienten: „Anmelden, Jacques,
aber dringend!.. Habe Eile und will mich hier

überhaupt nicht lange aufhalten ... Scheint hier
sehr commun herzugehen, und das widert mich
an!"

Das Drehen des Schnurrbartes und das
Wiegen auf den Fußspitzen nebst darauf folgen=
dem Zusammenklirren der silbernen Sporen
wiederholte sich, allein weder das Eine, noch das
Andere machte auf die Knechte und Fuhrleute,
die ihre Unterhaltung höchst ungenirt fortsetzten,
irgend welchen Eindruck.

Inzwischen war der Bediente die Stiege
hinauf gehüpft, um den Befehl seines Herrn
auszurichten. Wir gehen ihm voran und ver=
fügen uns in das Comptoir Moosdörfer's, wo
wir diesen in vertraulichem Gespräche mit einem
bürgerlich gekleideten Manne finden, der eben=
falls in Geschäftsangelegenheiten bei dem Blei=
cher eingekehrt war.

Moosdörfer sitzt auf einem Comptoirbock
mit kurzer steifer Lehne. Er trägt einen be=
quemen, schon ziemlich abgenutzten Rock von
braunem Tuch, kurze schwarze Beinkleider mit
Schnallen unter den Knieen, feine weiße Strümpfe
und glänzend gewichste sogenannte Steifstiefeln,
oben mit kleinen Sammetrosetten verziert. Sein
volles langes Haar, das sich um die rundlichen,

glattgeschorenen Wangen des Mannes schmiegt,
bedeckt ein kleines Mützchen von schwarzer Seide.
Die großen blauen Augen blicken klug und verlan=
gend in die Welt, und die vollen Lippen, das
starke Unterkinn wie der ganze Gesichtsausdruck
verrathen, daß der wohl situirte Bleicher trotz
seiner mancherlei häuslichen Leiden die Freuden
der Tafel nicht verachtet. Säße der Mann nicht
im Comptoir neben einer offen stehenden Geld=
kiste, in welcher ganze Schwingen mit Gold= und
Silbermünzen übereinander geschichtet sind, so
würde man ihn für einen katholischen Weltgeist=
lichen halten.

Die vollen Lippen zu einem schelmischen
Lächeln verziehend, sagte er, eine schon begon=
nene Erzählung fortsetzend, zu seinem Gegen=
über:

„Ich trank also ein zweites Seidel Wein
und ließ mir die Sache noch einmal vortragen.
Es ist das immer nöthig, wenn man Geschäfte
machen will. Einmaliges Hören läßt gern
irgendwo eine Lücke, durch welche später aller
Gewinn, wie mein Bruder, der Kanonikus, sagt
— dabei hob er schmunzelnd das schwarzseidene
Mützchen — wieder perdu geht... Der zweite
Vortrag gab mir Licht. Ich machte das Geschäft

und trank das dritte Seidel Wein. Seitdem
habe ich Glück damit gehabt und lasse mich jetzt
in Neapel und Smyrna durch meinen eigenen
Factor vertreten.“

Es klopfte.

„Herein!“ rief mit eigenthümlich weicher
Stimme Moosbörfer und schlug den Deckel der
Geldkiste zu, dem bürgerlichen Herrn einen be=
zeichnenden Wink gebend. „Nachher ein Meh=
reres.“

Die Thür ging auf und herein trat der
Bediente Jacques.

„Herr Moosbörfer?“ fragte er, beide Herren
zugleich anblickend.

Moosbörfer hatte seine Hand schon ausge=
streckt, um die Karte in Empfang zu nehmen,
die er in der Hand des Bedienten erblickte.

„Schon recht, mein Freund, geben Sie nur!“
erwiderte er und nahm die Karte. „Ah!“ fuhr
er fort, das Mützchen abermals rückend. „Der
Herr Graf in eigener Person!.. Wird mir
sehr angenehm sein, wenn der Herr Graf nur
die Gnade haben will, sich gefälligst zu mir
herauf zu bemühen.“

Jacques entfernte sich. Moosbörfer legte die
Karte auf sein schmales, altes Comptoirpult,

lächelte dem Bürger noch freundlicher zu und
fuhr fort:

„Empfehlungen an beide Plätze können Sie
für den jungen Mann von mir zu jeder Zeit
haben, wenn er tüchtig ist. Die Deutschen sind
zuverlässiger und nicht so ausschweifend. Die
lingua franca muß er sich aber doch aneignen.
Wie lange hat der Mensch in Venedig conditio=
nirt?"

„Zwei Jahre," versetzte der Bürger. „Guten
Willen besitzt er und einen offenen Kopf hat er
auch. Er ist überhaupt schon tüchtig herumge=
stoßen worden in der Welt."

„Um so besser! Um so besser!" fiel Moos=
dörfer ein. „Mit verwöhnten Muttersöhnchen
ist im Geschäft selten 'was anzufangen ... Aber
wie heißt Ihr Schützling."

„Georg Rauerz ..."

„So, so! .. Sie kennen den jungen Mann
persönlich?"

„Nein, Herr Moosdörfer; ich bin auf ihn
aufmerksam gemacht worden durch unsern Rei=
senden."

„Auch gut, lieber Herr Schmalbacher ... Sie
haben mein Wort; machen Sie nun davon Ge=
brauch, wann Sie wollen! .. Aber da höre ich

den ritterlichen Tritt des Herrn Grafen — unter=
brach er sich lächelnd — ich muß also wohl bit=
ten, daß Sie inzwischen meine Frau begrüßen.
Sie hat sich oft schon beschwert, daß Sie sich
fast nie als Freund, immer nur als Geschäfts=
mann in Schönlinde sehen lassen."

Schmalbacher, Chef einer großen Glashand=
lung, folgte dem Winke seines Geschäftsfreundes
und verließ das Comptoir in dem Augenblicke,
als der Graf dasselbe betreten wollte. Beide
streiften einander in dem schmalen, dunkeln
Gange, welcher zu dem Allerheiligsten des reg=
und strebsamen Bleichers führte.

2.

Im Wechselcomptoir.

Beim Eintritt des Grafen stieg Moosdörfer von seinem Comptoirbock, nahm das Mützchen ab und verbeugte sich. Das stereotype Lächeln auf seinem wohlgenährten, glänzenden Gesicht verlor sich dabei nicht.

„Wollen der Herr Graf von Rothstein die Gnade haben, sich gefälligst zu placiren?" sagte er, auf denselben Stuhl deutend, den der Glas= händler Schmalbacher eben verlassen hatte. „Was verschafft mir die Ehre?.."

„Puh!" fiel der Graf ihm in's Wort, indem er sich schüttelte, den Handschuh von seiner Rech= ten streifte, den Schnurrbart zupfte und ein paarmal die Hacken zusammenschlug. „Das nennen Sie eine menschliche Wohnung, Herr

Moosdörfer, eine Wohnung für einen Mann von Distinction, der, wie Sie, über Millionen commandirt?.. Wahrhaftig, unsere Holzbaracken an der Moskwa, wo man doch keinen Ueberfluß an Luxus hatte, waren kaum schlechter!"

„Mein werther Herr Graf," erwiderte unter abermaliger Verbeugung und indem er das An= gebot des Stuhles wiederholte, der Bleicher, „wir Bürgerlichen dürfen uns nicht überheben!.. Auch ist und bleibt Jeder mehr oder weniger Gewohn= heitsmensch... So wie Sie dieses Zimmer heute vorfinden, war es schon zu meines Vaters Leb= zeiten. Ich würde mich schwerlich wohl darin fühlen und dabei mein Geschäft schädigen, wollte ich dasselbe mit modernen Möbeln anfüllen... Wenn wir aber auch einfach wohnen, wissen wir doch zu leben, das heißt cum grano salis, wie mein Bruder, der Kanonikus, sagt."

„Ihr Handelsleute seid alle Schlauköpfe," entgegnete Graf von Rothstein, indem er prüfend die Lehne des alten Stuhles anfaßte. Moos= dörfer hatte inzwischen eine Lederschnur an der Thür ergriffen und dadurch eine schrille Glocke in Bewegung gesetzt. Zufällig stieß er dabei mit dem Fuße an einen mit eitel Silber gefüll= ten Sack, so daß das edle Metall einen hell

klingenden Ton von sich gab. „Darum gelingt
es Euch auch, aus Nichts Gold zu machen,"
fügte der Adelige mit scheelem Seitenblick hinzu.
„Was zahle ich Ihnen, wenn Sie mir diese neue
Methode, Gold zu machen, beibringen?"

Moosdörfer lüftete respectvoll sein Käppchen
und nahm wieder Platz auf dem Comptoirbock.

„Würde bei gräflichen Gnaden nicht anschla=
gen," versetzte er lächelnd. „Gehört ein bürger=
lich knappes Wesen dazu, das vornehmen Fami=
lien nicht angeboren ist... Der Herr Graf wür=
den zu generös, zu nobel sein!.. Noblesse oblige,
sagt mein Bruder, der Kanonikus."

Graf von Rothstein hob drohend den Finger
und drehte dann wieder die langen Enden sei=
nes Schnurrbartes. Vor der Thür hörte man
das Zusammenklirren eines Glases, denn der
Ton klang glockenrein. Gleich darauf trat ein
schlankes, junges, in Schwarz gekleidetes Mäd=
chen herein, das durch ihren blendend weißen
Teint auffiel. Sie trug ein Theebret, besetzt
mit einer Caraffe Wein und zwei Gläsern, stellte
Alles, ohne aufzublicken, auf den Wechseltisch,
verbeugte sich stumm vor dem Grafen, welcher
die ganze Gestalt mit heißem Blicke verschlang,
und entfernte sich wieder.

„Bei meines Vaters Zopf, ein schönes Men=
schenbild!" rief von Rothstein aus. „Ich mache
Ihnen mein Compliment, Herr Moosdörfer!
haben Sie Trauer?"

Der Bleicher hatte lächelnd die Gläser gefüllt.
Er nöthigte den Grafen mit freundlichem Wink,
anzustoßen, und sagte, die dunkelrothe Flüssigkeit
gegen das Licht haltend:

„Trinken wir also zuerst ein Seidel Wein,
werther Herr Graf. Mit trockenem Munde ist
schlecht reden... Wie finden Sie dieses Pröbchen?"

„Genießbar, bei Noah!.. Petit=Burgunder?"

„Nur Melnicker, Herr Graf, Melnicker von
Anno 27... Ich trank schon drei oder vier Sei=
del davon."

„Das schöne Kind in Schwarz, Ihre Toch=
ter, soll leben!"

Moosdörfer stieß lächelnd mit an. Ehe er
aber trank, sagte er kopfschüttelnd:

„Kann leider diese Ehre nicht annehmen,
Herr Graf!.. Meine eigenen Kinder gingen
frühzeitig perdu;.. hab' sie begraben hier im
Herzen... Ihr Wunsch gilt eigenem Gewächs..."

„Herr, sind Sie des Teufels?" fuhr Graf
von Rothstein auf und schlug die bespornten
Absätze klirrend zusammen. „Meinen Sie, wir..."

„Bitte um Excuse, wie mein Bruder, der Kanonikus, sagt," unterbrach Moosdörfer den Aufbrausenden, „indeß kann und werde ich meine Behauptung mit Dero gütiger Erlaubniß doch aufrecht erhalten... Das liebe Kind ist auf gräflich Rothstein'schem Boden gewachsen und soll hier auf meiner stillen Bleiche nur erst die rechte jungfräuliche Farbe bekommen... Auf daß es dem guten, braven Mädchen und ihren wackeren Eltern stets wohl ergehe!"

„Also ein Hohenrothstein'sches Kind," erwiderte der Graf nachdenklich, das Glas mit dem mild schmeckenden Weine langsam ausschlürfend. „Wie kommt das Mädchen in Ihr Haus?.. Nimmt sie eine dienende Stellung ein?"

„Sie geht meiner leider stets kränkelnden Frau zur Hand, Herr Graf," versetzte Moosdörfer und füllte auf's Neue die leeren Gläser. „Ihre Eltern sind mir befreundet."

„Wer sind die Eltern?"

„Liebe, stille, rechtliche Leute, die Ihnen, Herr Graf, gewiß recht von Herzen dankbar sein würden, wenn Sie etwas für sie thun wollten."

„Kann ich das?" entgegnete Graf von Rothstein, einen scharfen, kalten Blick auf den Bleicher werfend. „Wenn ich jedem Darbenden

helfen wollte, würde es mit meinem bischen
Vermögen wohl selbst bald zu Ende gehen...
Doch lassen Sie hören, Herr Moosdörfer! Das
Mädchen interessirt mich. Was treiben ihre
Aeltern?"

„Der Vater war Organist und Schulmeister.
Ehe er Beides wurde, nährte er sich von We=
berei, die er auch jetzt wieder als Erwerb betreibt."

„Sie meinen doch nicht Tobias Helfer?" rief
Graf von Rothstein. „Der Alte mag gut sein —
ich will nichts gegen ihn sagen — seine Kinder
aber..."

„Andrea ist ein wohlerzogenes, fleißiges, sitt=
sames und bescheidenes Mädchen, das gute Kennt=
nisse besitzt und überall, wo man sie zu verwen=
den wünscht, ihren Platz ausfüllt. Daß sie
Gnade auch vor Ihren Augen gefunden hat, geben
der Herr Graf ja selbst zu."

Rothstein biß sich auf die Lippen und zupfte
an den Enden seines langen Schnurrbartes.

„Sie kennen wahrscheinlich die Söhne dieses
Leisetreters nicht," sagte er nach einer Weile.
„Beide haben mich geärgert, so lange sie leben,
und Joachim, der jüngere, der jetzt auf der
Graupenmühle sein Wesen treibt, sich nebenbei
aber in Alles mischt, was ihn nichts angeht,

grübelt, glaub' ich, Tag und Nacht darüber nach,
wie er mir eine böse Stunde machen kann. Und
eine solche Familie soll ich unterstützen? Das hieße
ja gegen mein eigen Fleisch wüthen."

„Joachim Helfer mag ein leidenschaftlicher
Mann sein, Herr Graf," erwiderte Moosdörfer,
„schlecht ist er deshalb nicht; Ehrenrühriges kann
ihm Niemand nachsagen."

„Er haßt mich und meines Gleichen, und
predigt diesen seinen Haß in allen Schenken,
um die Unterthanen gegen Herrschaft und Obrig=
keit aufzuhetzen!... Können Sie das billigen?"

„Sie gaben ihm vielleicht Ursache dazu, ohne
es zu ahnen... Ich habe es von dem Organisten,
der ein sehr besonnener Mann ist, selbst gehört,
daß Joachim erst so unruhig in sich, so unzu=
frieden mit der Welt und so ausfallend gegen
Glücklichere geworden ist, seit Sie ihm den Aus=
wanderungsschein verweigerten."

„Dazu hatte ich meine guten Gründe und habe
sie noch heutigen Tages," entgegnete Graf von
Rothstein. „Meine Herrschaft ist schwach be=
völkert, seit die Menschen zu Hunderten den
Wanderstab nahmen und in die neue Welt gingen,
wo sie spurlos verschwinden. Einhalt mußte ge=
than werden, sollte ich nicht selbst zum Bettler

werden. Darum erließ ich einen Befehl, den
jeder billig Denkende loben muß und den Nie=
mand hart oder grausam nennen kann. Von zwei
bis drei Geschwistern darf eins der Heimath den
Rücken kehren, wann es will, die anderen aber
bleiben bis zum vollendeten vierzigsten Jahre
daheim. Diesem Befehle haben sich alle meine
Unterthanen ohne Murren gefügt, Joachim allein
macht eine Ausnahme und daher schreibt sich
sein Haß."

„Seinem Bruder soll es sehr gut gehen in
Buenos=Ayres," bemerkte Moosdörfer. „Hier
zu Lande kann auch ein geschickter und thätiger
Mann, wenn er keine Mittel besitzt, nichts wer=
den... Es wurmt den jungen Helfer, daß ihm
die freie Bewegung nicht gestattet wird, die den
Bruder vielleicht zu einem reichen, angesehenen
und einflußreichen Manne macht."

„Hat Ludwig Helfer Glück gehabt in der neuen
Welt, so müßte die Familie mir eigentlich dafür
dankbar sein," entgegnete Graf von Rothstein.
„Glaubt sie aber durch solche Dankbarkeit ihrer
Ehre etwas zu vergeben, nun, so kann sie es auch
bleiben lassen. Ich wenigstens mache keinen An=
spruch auf Dank. Unnöthig aber finde ich es,
Leute zu unterstützen, die sich selbst helfen können

wenn sie nur wollen. Fehlt es dem Graupen=
müller an Mitteln, so mag der reiche Bruder in
Amerika in die Tasche greifen und ihm eine ge=
nügende Summe vorstrecken."

Moosdörfer zuckte die Achseln, blinzelte mit
den Augen und sagte noch weicher als gewöhnlich:

„Mein werther Herr Graf, in geschäftlichen
Angelegenheiten spielen Freundschaft und Ver=
wandtschaft keine Rolle. Auch ist's ein Anderes,
ob man seine Mittel hier in einer dem großen
Weltverkehr nicht erschlossenen Provinz, wo es
ausnahmsweise nur Wenigen glückt, oder in einer
überseeischen Hafen= und Handelsstadt anlegt...
Dem Auswanderer Joachim Helfer würde es an
Mitteln nicht fehlen, dem an die Scholle Gebun=
denen wagt auf gutes Glück sie Niemand vorzu=
strecken... Natürlich!.. Der Mann kann ja beim
besten Willen keine Sicherheit geben!.. Was er
scheinbar besitzt, gehört ihm nur so lange zu,
als die wirklichen Eigenthümer Geduld mit ihm
haben und nicht dringend werden... Seine
Stellung ist wahrhaftig keine beneidenswerthe."

Graf von Rothstein firirte den Bleicher sehr
scharf. Dann erwiderte er:

„Sie scheinen mir ein überaus vorsichtiger
Geschäftsmann zu sein. Am Ende finde auch ich

in einer für mich wichtigen Angelegenheit kein
Gehör bei Ihnen?"

Moosdörfer machte die ihm zur Gewohnheit
gewordene Handbewegung, die sein seidenes Käpp=
chen ein wenig hob und wieder senkte.

„Hochgräfliche Gnaden zu dienen werde ich mir
stets zur Ehre gereichen lassen," sagte er, sich ver=
beugend. „Doch trinken wir noch ein Seidel Wein."

Ehe Graf von Rothstein es verhindern konnte,
hatte der Bleicher schon die Lederschnur gezogen,
wobei er diesmal mit ganzem Fuße auf den lose
zugebundenen Geldsack trat, daß die großen Silber=
stücken durcheinander rollten. Nach wenigen Se=
cunden schon erschien das nämliche junge Mädchen
wieder mit einer vollen Flasche, nahm die ge=
leerte Carasse auf und ging eben so stumm wie
das erste Mal von dannen.

„Also, mein Herr Graf, zum Geschäft, wenn's
beliebt," sprach Moosdörfer, füllte die Gläser
und nippte bedächtig prüfend von dem seinen,
während der Graf rasch einen tüchtigen Zug
that.

„Es kann Ihnen nicht unbekannt sein, Herr
Moosdörfer," hob dieser an, „daß ich im Herbst
vorigen Jahres von einem schweren Unglück
heimgesucht wurde; dreitausend Morgen des

3 *

schönsten Waldes verzehrte ein Brand, dessen
Entstehung bis zu dieser Stunde ein Geheim=
niß geblieben ist. Wie ich darüber denke, än=
dert an der Sache selbst nichts. Ich habe den
Verlust zu tragen, wie schwer ich ihn auch empfin=
den mag, und außerdem legt mir die Klugheit
Schweigen auf. Wer weiß, ob die Zukunft
nicht lichtet, was gegenwärtig noch in tiefes
Dunkel gehüllt ist... Jener unselige Waldbrand
nun beraubt mich einer halben Million reinen
Vermögens, und schmälert meine Revenuen derge=
stalt, daß ich bei den vielen Bauten, die ich vor=
nehmen muß, in Verlegenheit komme. Vor eini=
gen Monaten war ich nahezu entschlossen, die
Herrschaft Rothstein zu verkaufen, und mich auf
das von meinem Brudersohne ererbte Gut Bre=
denrade zurückzuziehen. Ein solcher Verkauf
würde aber unter den jetzigen Zeitverhältnissen,
wo Grund und Boden eher im Preise fallen als
steigen, nicht vortheilhaft sein. Deshalb ziehe
ich, muß ich auch Opfer bringen, doch vor, die
Herrschaft zu behalten. Allein ich brauche Geld,
Herr Moosdörfer, und möchte, um in der Aus=
führung meiner Pläne nicht genirt zu sein, am
liebsten eine Anleihe contrahiren, wogegen ich
erbötig wäre, als Pfand meine noch unversehr=

ten, gut bestandenen Forste einzusetzen. Wür=
den Sie geneigt sein, ein solches Geschäft zu
entriren?"

„Ich werde mir die Ehre geben, Sie zu be=
suchen, Herr Graf," sagte der Bleicher, diesmal
ohne zu lächeln, und ohne an sein Käppchen zu
rühren. „Ungefähr sind mir die Rothstein'schen
Waldungen wohl bekannt — hie und da etwas
stark durch die Art gelichtet, aber doch immer
noch werthvoll — indeß eine Besichtigung müßte
vorher in Begleitung Sachverständiger doch vor=
genommen werden... Zweifle nicht, Herr Graf,
daß sie ganz so ausfällt, wie ich erwarte — und
in diesem Falle bin ich Ihr gehorsamer Diener
— allein Sie würden mich doch verpflichten,
wollten Sie mir — Zeit lassen..."

„Zeit?.. Zum Besinnen?"

„Nicht zum Besinnen, nur zum Zahlen...
Ich bin augenblicklich stark engagirt... Baron
von Alteneck, Ihr Grenznachbar, hat sich kürzlich
ebenfalls an mich gewandt..."

„Wegen seines Hofes Ober=Rense, ich hörte
davon sprechen..."

„Sechszigtausend Gulden sind immer ein
Sümmchen, das in's Gewicht fällt!.. Der Herr
Graf würden sich damit schwerlich begnügen..."

„In der That, nein! Ich brauche, soll ich Nutzen davon haben, wenigstens das Fünffache, und — bis Neujahr!"

„Eine kurze Frist für so viel Geld!" sagte Moosdörfer und seufzte. „Ich werde Mühe haben, es zusammen zu bringen... Doch à propos — wie mein Bruder, der Kanonikus, sagt — würden Sie der Familie Helfer wohl... durch die Finger sehen?.. Der Alte hat's redlich verdient um Kirche und Schule, und sein Sohn ist ein Kopf und ein Charakter dazu!.. Seine Freundschaft ist ein paar Hundert Gulden werth..."

Wieder traf Graf von Rothstein's kalter Blick das hellblaue, glänzende Auge des Bleichers unheimlich lauernd. Er klirrte wiederholt mit den Sporen und kräuselte die Enden seines Schnurrbartes. Dann sagte er plötzlich entschlossen, indem er rasch aufstand und sein Glas leerte:

„Wir sprechen weiter davon und über Anderes mehr, wenn Sie mich besuchen. Wollen Sie nächsten Sonntag über acht Tage mein Gast sein?.. Ich fahre dann Ihnen zu Gefallen in die Kirche und nehme Sie in meinem Wagen mit nach Rothstein... Der Oberförster aus dem Nonnenbusche und der Kämmereiverwalter Morgenstern in der Kreisstadt sind Ihnen doch

respectabel genug als Sachverständige?.. Einen
Dritten, den Sie mitbringen mögen, erkenne ich
ohne Weiteres an."

Moosdörfer glitt langsam von seinem hohen
Comptoirbock herab und reichte dem Grafen die
Hand. Er nahm das seidene Käppchen wirklich
ab und lächelte über das ganze volle, glänzende
Gesicht.

„Wir werden gemüthlich ein paar Seidel
Wein trinken, mein sehr werther Herr Graf,"
sagte er, „und wie ich glaube, ein Geschäft
machen, das beide Theile nicht gereuen wird."

Moosdörfer geleitete den Grafen von Roth=
stein die Treppe hinab bis zu dessen Equipage,
reichte ihm nochmals die Hand und verbeugte
sich beim Abfahren mehrmals. Als er wieder die
Stiege erreichte, an deren Fuße einer seiner
ältesten Leute stand und der fortrollenden Equi=
page nachsah, sagte er, sich den Schweiß von der
Stirn trocknend:

„Prächtige Leute, diese vornehmen Herren,
wenn sie Geld brauchen!.. Man kann sie um
den Finger wickeln, wie eine Zaspel Garn...
Bin neugierig, was mir der Handel abwerfen
wird, wenn ich ihn glücklich zu Stande bringe...
Ein herrlicher Mann, dieser Graf von Rothstein,

und doch steht er weit und breit in so üblem
Leumund..."

Kopfschüttelnd schritt er die unter jedem
Tritte knarrende Treppe hinauf, und kopfschüttelnd sah ihm der alte Bleicher nach, der sich
über die Aeußerungen seines Herrn, den er
immer ganz andere Urtheile hatte fällen hören,
nicht genug wundern konnte.

3.

Bei Josephine Moosdörfer.

———

Josephine, Moosdörfer's Frau, saß in ihrem bequemen Polsterstuhle und lauschte dem muntern Geplauder Andrea's, die auf niedrigem Sessel ihr gegenüber Platz genommen hatte und emsig strickte. Halbgeschlossene grüne Jalousien verbreiteten eine milde Dämmerung in dem einfach decorirten Zimmer, dessen einziger Schmuck der gute Kupferstich einer Madonna in schwarzem Rahmen war, den lebendiger Epheu umrankte.

Die Gesichtsfarbe Josephine's verrieth die Krankheit, an welcher die arme Frau langsam hinsiechte. Stirn und Wangen waren schneeweiß und fast durchsichtig. Ihre im Schooß ruhenden Hände schienen aus Wachs gebildet zu sein. Selbst die Lippen der Kranken schimmer=

ten weißlich und sagten Jedermann, daß ein be=
denklich zunehmender Blutmangel die Aermste
sicher dem Grabe zuführe.

„Das sind ja recht häßliche Geschichten, die
man sich von Euerm Herrn erzählt," sprach sie
zu Andrea, als diese ihre Mittheilungen schloß.
„Sollte das Meiste davon nicht von böswilligen
Menschen erfunden worden sein, liebes Kind?
Vornehmen Herren, besonders wenn sie barsch
auftreten, sagt die Welt gern Schlimmes nach."

„Ich kann das nicht beurtheilen, liebe Tante
— so nannte Andrea auf Josephine's Wunsch
die Dame —," erwiderte das junge Mädchen,
„ich weiß nur, daß man stets offen davon ge=
sprochen hat. Viele behaupten auch, es spuke
im Schlosse seit dem Tode der Gräfin."

„Ammenmärchen!" sagte Josephine. „Erfin=
dungen müssiger Knechte und Mägde, wenn sie
Abends beisammen in der Gesindestube sitzen!..
Die erste Frau soll der Graf doch auf Händen
getragen haben..."

„Ich habe sie nicht gekannt, liebe Tante, des
Grafen zweiter Gemahlin aber kann ich mich noch
recht gut erinnern... Sie liebte die Töne der
Glasharmonika, welche der Vater meisterhaft
spielt. Auf der Frau Gräfin Wunsch ging er

häufig in's Schloß, um der Gnädigen einen
Choral vorzuspielen, wenn der Herr Graf mit
Freunden auf die Jagd ritt. Dann nahm er
mich, damit ich die Mutter nicht quälen möge,
gewöhnlich mit, und da habe ich selbst gesehen,
daß die schöne, hohe Frau oft laut schluchzte, und
auch wiederholentlich gehört, wie sie mit verzwei-
feltem Blick ausrief: Helfer, Sie glauben nicht,
wie unglücklich ich bin, welch ein entsetzliches
Leben ich führe!"

„Was sagte Dein Vater zu solchen Aeußerungen?" forschte Josephine weiter, die sich für die
verstorbene Gräfin sehr zu interessiren schien.
„Versuchte er die arme Dame nicht zu trösten?"

„In meinem Beisein gab er der Gräfin nie
eine Antwort," versetzte Andrea. „Ich erinnere
mich nur, daß er mich fortschickte, daß die Harmonika eine Zeit lang schwieg, und daß, wenn
er mich wieder in's Zimmer holte, die Frau
Gräfin mit verhülltem Gesicht im Sopha saß und
manchmal leise seufzte."

„Du hältst also den Grafen von Rothstein
für einen hartherzigen Mann?"

„Das ist er ganz gewiß, beste Tante, wo
nicht etwas viel Schlimmeres!.. Wir Alle haben
unter seiner Hartherzigkeit gelitten und leiden

noch darunter, denn er hat es dem Vater nicht
vergessen, daß er die gnädige Frau Gräfin in
Schutz nahm... Nach ihrem Tode ließ er es
dem Vater entgelten, indem er behauptete, er sei
zu alt und stumpf, um ferner noch Kinder unter=
richten zu können. Und weil er seinen Willen
durchsetzen konnte, ward der Vater als Schul=
meister pensionirt, nur den Kirchendienst behielt
er, weil keiner so gut die Orgel spielte."

„Und dieser selbe Mann war bei Moos=
dörfer?" sagte Josephine nachdenklich. „Hat er
Dich angeredet?"

„Ich ließ ihm dazu keine Zeit," versetzte
Andrea. „Als ich ihn erkannte, machte ich mich
schnell wieder aus dem Staube, denn ich habe
eine schreckliche Angst vor ihm... Wen der
Graf mit seinen — ich möchte sagen — bösen
Augen anblickt, der, glaube ich, kann vor Angst
Bewegung und Sprache verlieren... Mir stand
als Kind schon immer das Herz still, wenn er
mich im Vorübergehen einmal so spöttisch und
giftig zugleich anglotzte, und sich dabei den zot=
tigen Schnurrbart drehte... Bruder Joachim,
der freilich viel älter war, als ich, machte es
anders; der wies dem Grafen die Zähne, und
wenn ihm dieser wegen solcher Ungezogenheit

heftig anfuhr, ballte er sogar drohend die Faust
gegen ihn... Darum konnte der Graf meinen
Bruder auch niemals leiden, und ist ihm von je=
her immer zuwider gewesen, thätlich an ihn ver=
griffen aber, was er nicht selten bei Anderen that,
hat er sich nie... Das macht, Bruder Joachim's
ganzes Auftreten flößte ihm stets Respect ein..."

Josephine achtete auf jedes Wort des zutrau=
lich plaudernden Mädchens. Der Besuch des
weit und breit bekannten Grafen von Rothstein,
der in dem Rufe stand, ein überaus wüstes Leben
geführt zu haben, beunruhigte sie zwar nicht,
aber es war ihr doch auch nicht recht, daß Moos=
börfer gezwungen mit ihm verkehren mußte.
Die Veranlassung seines Kommens verrieth die
kluge Frau sehr richtig. Es waren immer Geld=
angelegenheiten, welche vornehme Herren zu ihrem
Manne führten, obwohl dieser bei weitem nicht
Allen mit offener Hand entgegen kam. Wo
Moosbörfer Verluste zu erleiden fürchtete, speiste
er die Fordernden mit freundlichem Lächeln und
höflichen, aber völlig leeren Redensarten ab.

Andrea hatte ihr Herz erleichtert und rührte,
da Josephine schwieg, mit verdoppeltem Eifer die
Stricknadeln. Noch während dieser Pause in
der Unterhaltung trat der Bleicher ein, ließ seine

hellen Augen mit unverkennbarer Theilnahme auf den leidenden Zügen seiner Frau ruhen und küßte sie dann flüchtig auf die alabasterweiße Stirn. Auf Andrea zeigend, sprach er darauf:

„Hat sie schon Bericht erstattet?"

„Graf von Rothstein war bei Dir," erwiderte Josephine. „Wirst Du Dich mit ihm in Geschäftsverbindungen einlassen?"

„Das hängt von dem Werth seines Grund und Bodens ab, meine Gute. Ich werde ihn schätzen lassen, und nicht zu hoch. Vor des Grafen Pfiffigkeit und Praktiken ist mir nicht bange. Ich habe meine Schule durchgemacht und nehm' es mit einem Dutzend der schlauesten Schalke auf. Aber die da — er zeigte auf Andrea — die da wird sehr auf ihrer Huth sein müssen..."

„Andrea?"

„Unser lieber kleiner Pflegling und Deine Gesellschafterin... Der Graf hielt sie für unsere Tochter... Er ist in ihre schönen braunen Augen verschossen... Na, na, Kind, hab' Dich doch nicht und werde nicht gleich puterroth bis über die Ohren!.. Es macht keinem Mädel Schande, wenn es den Mannsleuten gefällt. Mir gefällt nur der Herr Graf nicht, und das wollt' ich Dir stecken, damit Du weißt, daß ich auf Deiner

Seite stehe, wenn er mit Anträgen und Vor=
schlägen herausrückt... Ausbleiben werden diese
nicht, das sah ich den Blicken an, die er Dir
wie Blitzfunken nachschleuderte... Hat Dein
Bruder neulich wieder etwas mit ihm gehabt?"

„Ich weiß von nichts," sagte Andrea, die von den
Bemerkungen Moosdörfer's ganz verwirrt ward.

„Du brauchst Dich nicht zu ängstigen, Kind,"
fuhr der Bleicher fort, indem er die Jalousien
etwas höher schob, um mehr Licht in's Zimmer
fallen zu lassen. „Ich werde aufpassen, und steht
der Graf erst in meinem Buche, so ist er auch
mein Gefangener, dem ich die volle Freiheit nur
wieder gebe, wenn er mir gut oder übel den
Willen thut. Es ist die einzige Waffe, die uns
die hohen Herrschaften nicht aus den Händen
winden können, und mit der wir sie tödtlich
treffen, so oft es uns beliebt... Mir beliebt
das nun nicht; denn wozu? Einen Mord mag
ich nicht auf meine Seele laden, mein Streben ist
nur, sie zu schwächen, damit sie unterducken müssen,
wenn wir befehlen. Alles aus Menschen= und
Christenliebe, wie mein Bruder, der Kanonikus,
sagt, der die ganze Race genau kennt und sie
vollkommen richtig würdigt. Indeß muß man
klug sein und erst gebückt einhergehen, um später

den Kopf desto höher zu tragen... Wie ist's, Andrea, würdest Du eine Stelle im Schlosse an= nehmen, wenn der Graf sie Dir anböte und Dich gut salarirte?"

„Du willst Andrea dem alten Wüstlinge zu= führen?" fiel Josephine ein, während das junge Mädchen den Bleicher mit Augen ansah, die keinem irdischen Wesen anzugehören schienen.

Moosdörfer schob einen Stuhl zwischen Jo= sephine und Andrea, strich mit seiner Linken über das glänzende, sehr dunkle Seidenhaar der Tochter des Organisten und legte die Rechte auf die mageren, gelblich weißen Hände seiner Frau.

„Wer Vögel fangen will, muß Netze stellen," sprach er, „und weil mir scheint, daß die Zeit herannaht, wo der Fang sich lohnen könnte, will ich den günstigen Augenblick nicht verstreichen lassen. Die hohen Herren, welche jetzt meine Vermittelung in Anspruch nehmen, stehen schon lange auf meinem Kerbholz, und wenn ich jetzt von meinem Recht Gebrauch mache, handle ich nur als guter Hausvater, sine ira et studio, würde mein Bruder, der Kanonikus, sagen... Von Dir, mein Kind, war heute noch nicht die Rede. Nicht die Lippen des Grafen, nur seine Augen sprachen... Aber er wird nach Dir fragen und Dich jeden=

falls von mir fordern, wenn wir erst handels=
eins geworden sind... Dann mag ich ihm keine
abschlägliche Antwort geben, sondern mich lieber
entgegenkommend zeigen. Um so sicherer läuft
der Spatz in's Garn."

Fragend hingen Andrea's braune Augen an
den Zügen des immer lächelnden Bleichers. Ihre
fein geschnittenen Lippen waren halb geöffnet
und ließen die tadellosen Zähne sehen. Josephine
schüttelte leise den Kopf, indem sie sagte:

„Verrechne Dich nicht, lieber Mann! Spricht
das Gerücht wahr, so ist das Schloß des Roth=
steiners kein passender Aufenthaltsort für ein
junges, unerfahrenes Mädchen. Hier fühlt sich
Andrea wohl, und wir Alle sehen sie gern bei
uns. Es würde mich schmerzlich betrüben, wenn
ich sie plötzlich entbehren müßte. Ihr Vater
wird Deinen Plan auch nicht billigen."

„Ich sage ja nicht, Andrea soll auf des
Rothsteiners Schloß," erwiderte Moosdörfer, „ich
deute nur auf die Möglichkeit hin, der Graf
könne ein solches Verlangen stellen. In diesem
Falle müßte Andrea sich fügen, und zwar ihres
Bruders wegen."

„Droht Joachim Gefahr?" fiel ängstlich
aufathmend Andrea ein.

E. Willkomm, Die Saat des Bösen. I.   4

„Nicht direct, liebes Kind," fuhr Moosdörfer
fort, „seine Freundschaft für Caspar Spät aber kann
ihn doch in schlimme Verwickelungen bringen…
Joachim hat, wie ich schon neulich hörte, unvor=
sichtige Aeußerungen gethan und sich arg ver=
messen. Das wird der Graf ihm nachtragen, und
Baron von Alteneck, der Feind Caspar's, ihm
nie vergessen. Man legt aber Balsam auf bren=
nende Wunden, um den Schmerz zu lindern, und
sendet Unterhändler von bestechendem Wesen in
das Lager des Feindes, wenn man ihn ent=
waffnen will. Geht also Andrea zum Grafen,
sobald dieser winkt oder befiehlt — denn auch
zu Letzterem hat er das Recht — so ist Joachim
außer Gefahr, und es wäre sogar möglich, Graf
von Rothstein ließe ihn mit Frau und Kind dem
Bruder nachziehen."

Josephine machte nach der Auseinandersetzung
ihres Mannes keine Einwendungen mehr. Andrea
hatte das Strickzeug weggelegt und schien sehr
niedergeschlagen zu sein. Als Moosdörfer schwieg,
sagte sie nur:

„Ich werde unglücklich sein, wenn Du mich
aus Deinem Hause weisest, Onkel, billigt aber
der Vater Dein Vorhaben und gereicht es dem

Bruder zum Segen, so werde ich schweigen und
dulden.“

„Du bist ein liebes, frommes Mädchen,“ sagte
Moosdörfer und legte seine Hand abermals auf
Andrea’s Scheitel. „Gehorsam und Fügsamkeit
sind Zierden des Weibes, die überall Anerkennung
finden. Unglücklich aber, mein Kind, sollst Du
nicht werden. Dafür wird der alte Bleicher
Moosdörfer Sorge tragen, wenn er auch nicht
um Dich sein und seine Hand schützend über Dich
halten kann... Deinen Vater werde ich unter=
richten, und wie ich ihn kenne, glaube ich, er
wird mir vollkommen Recht geben. Das barsche
Wesen und rücksichtslose Auftreten den beiden
abligen Herren gegenüber hat der wackere Mann
niemals gebilligt. Aber Joachim ist ein steif=
nackiger Gesell, der sich einbildet, er könne auf=
recht durch die niedrigste Thür gehen und seinen
Schädel als Mauerbrecher benutzen. Vernünftige
Worte, wenn sie ihm nicht schmeicheln, finden in
seinem Herzen nur selten eine gute Statt.“

Er stand auf, küßte Josephine wieder auf
die Stirn und klopfte Andrea sanft auf die er=
röthende Wange.

„Kopf in die Höhe!“ sprach er mit munterm
Lächeln. „Ein junges, frisches Blut muß heiter

in die Welt sehen, wäre diese auch von zahllosen
Gesellen des Satan überschwemmt... Lernt man
bei Zeiten mit diesem Gelichter umgehen, so sind
sie nicht so furchtbar, wie sie aussehen. A revoir,
wie mein Bruder, der Kanonikus, sagt. Ich
gehe hin und avertire dem Organisten, was sich
an heutigem Vormittage hier zugetragen hat!"

Das wohlgenährte Gesicht zu einem pfiffigen
Lächeln verziehend, warf er Andrea noch eine
Kußhand zu und stapfte mit schweren Schritten
über den dunkeln Gang zurück in sein Comptoir.

4.

Caspar Spät.

Am steinigen Uferrande eines rauschenden,
klaren Bergwassers in geringer Entfernung von
dem volkreichen Dorfe Rense lag ein kleines,
einstöckiges Haus, aus Holzbohlen erbaut und
mit Schindeln gedeckt, wie es ehedem in dieser
waldreichen Gegend, die Ueberfluß an Holz besaß,
üblich war. Die Bohlen waren hellgelb gemalt,
die Zwischenräume mit Moos ausgestopft und
mit Kalk verstrichen. Ueber der Thür hing eine
Scheibe, Wilhelm Tell darstellend, wie er nach
dem Apfel auf seines Sohnes Haupte schießt.
Dem wackern Schützen zur Seite hielt der Land-
vogt Geßler zu Pferde mit herzförmiger rother
Verzierung auf seinem Wamms, das von gutge-
zielter Kugel durchbohrt war.

Das Haus umhegte ein großer Garten, der
in eine von mehreren Gräben durchzogene Wiese
endigte, welche durch eine am Bache angebrachte
Schöpfvorrichtung Wasser zur Berieselung er=
hielt. Die Wiese grenzte an waldiges Land,
das hügelig anschwellend in weiterer Ferne zu
voller Gebirgsbildung aufstieg.

In diesem Hause wohnte der Kunst= und
Haustischler Caspar Spät, ein intelligenter Mann
von dreißig Jahren, der seine Wanderzeit gut
benutzt hatte und es jetzt allen älteren Meistern
der Umgegend in seinen Arbeiten zuvor that. Das
hatte ihm bald nach seiner Heimkehr Kunden in
Menge verschafft, so daß er sich gut stand und
einer glücklichen Zukunft getrost entgegen sah.
Stolz auf seine Kunstfertigkeit, die Jedermann
willig anerkannte, war Caspar Spät auch stark
eigensinnig. Vorschriften ließ er sich nicht gern
machen, und wer ihm zumuthete, er solle irgend
etwas nach fremdem Entwurf arbeiten, dem
diente er vielleicht, sah er sonst einen Vortheil
dabei, spöttische Bemerkungen aber und scharfe
Glossen, die in ätzende Bitterkeit übergehen
konnten, mußte der Besteller dabei ruhig mit in
den Kauf nehmen.

Alles in Allem war Spät ein sehr geschickter

Tischler, aber ein schwer umgänglicher Mensch. Vertragen konnten sich nur Wenige mit ihm, und am schroffsten trat er gegen höher Gestellte, gegen Gelehrte, Beamte und Adlige auf, wenn sie ein Urtheil über Arbeiten zu fällen sich anmaßten, von denen sie nach seiner Ansicht nichts verstanden.

Seit drei Jahren war Caspar Spät glücklicher Gatte und Vater, diese Verheirathung aber hatte ihn mit dem Grundherrn des Ortes, in dem er lebte, nahezu verfeindet; weshalb? werden wir demnächst erfahren. —

An einem milden Abend saß Caspar bei offenem Fenster auf seiner Werkstatt, pfiff ein Wanderlied, das er auf seinen Reisen in Oesterreich gelernt hatte, vor sich hin, und schnitzte dabei aus Lindenholz eine Figur von fast halber Lebensgröße, die bis auf die noch anzusetzenden Arme fertig war. In dieser Feierabendarbeit störte ihn die Ankunft eines Livréebedienten, der, ohne anzuklopfen, die Thür aufriß. Das laute Rauschen des starken Bergwassers hatte den jungen Tischler das Knarren des schwanken Holzsteges überhören lassen, der unter den Schritten des Bedienten sich bog.

„Guten Abend, Meister," sagte der Eintre-

tende und lächelte hochmüthig vornehm, ohne
seinen betreßten Hut abzunehmen. „Noch so
fleißig?"

Caspar Spät stellte sein Pfeifen ein und
lehnte die ausgeschnitzte Figur schräg gegen die
Wand, ohne den Gruß zu erwidern. Dann
schwang er sich gewandt von der Werkstatt, er=
faßte die Hand des Bedienten und schob ihn mit
starkem Arm aus dem Zimmer, daß dem Stol=
pernden von selbst der Hut abfiel.

„So!" sprach er. „Jetzt, ungehobelter Bursche,
klopfe an, hebe Deinen Filz auf, behalte ihn aber
in der Hand, und tritt ein, wie ein anständiger
Mensch!.. Daß das Tuch zu Deinem Rocke
feiner ist als das meinige, macht Dich noch lange
zu keinem tüchtigen Mann!.."

Der Bediente ward roth vor Aerger, nahm
sich aber zusammen und faßte die erhaltene Zu=
rechtweisung von der scherzhaften Seite auf. Der
Tischler saß schon wieder auf der Werkstatt und
fuhr in seiner Schnitzerei fort.

„Meister, Meister," sagte er, den Hut mit
dem Aermel bürstend, „wenn ich rachsüchtig wäre,
wie schwer könnt' ich Euch schädigen. Ihr seid
ja verteufelt kurz angebunden!"

„Nur wo's nöthig ist," erwiderte Spät.

„Wer sich in der Welt umgesehen und sich etwas versucht hat, lernt mit höflichen und un= höflichen, mit geschliffenen und ungeschliffenen Leuten umgehen... Was hat man mir zu be= stellen?"

Der Bediente lächelte versteckt, indem er sagte:

„Mein Herr verlangt mit Euch zu reden, Meister!.. Es hat Eile; morgen früh um neun Uhr sollt Ihr Euch auf dem Schlosse stellen."

Caspar nahm den Schnitzer zwischen die Zähne und ließ auf dem scharfen Stahle einen so schrillen Pfiff erklingen, daß über den unge= wohnten, gellenden Ton im Nebenzimmer ein Kind vor Schreck zu weinen begann.

„Ich soll mich im Schlosse gestellen?" sagte er darauf äußerlich ganz ruhig. „Und auf Dei= nes Herrn Verlangen?.. Das ist eine curiose Zumuthung, die mir nicht zu Sinne will... Hat's Dein Herr so pressant, so ist der Weg von ihm zu mir genau so weit, wie der von mir zu ihm!"

Der Bediente nahm die Antwort des geärger= ten Tischlers lächelnd hin.

„Es ist wegen der alten Geschichte," fügte er jetzt erklärend hinzu. „Der Kram soll auf's Neue wieder aufgewärmt werden."

„Von welcher Geschichte sprichst Du?"

„Nun von dem Feuer, das den alten Hof
verzehrte... Seit heute Morgen sitzen ein paar
Landstreicher auf Alteneck. Sie haben, raunte
mir der Inspector zu, Aussagen gemacht, und
der Herr will die Sache nun ganz ernsthaft an=
greifen."

„Daran thut er sehr recht," entgegnete Caspar
und begann wieder an seiner Figur zu schnitzen,
„ich bin nur kein Gelehrter und schreibe auch
nicht sehr geläufig. Als Protokollant würde ich
schwerlich zu gebrauchen sein. Kann ich aber
sonst dem Herrn dienen, mit Vergnügen."

Er machte eine Verbeugung, spitzte den Mund
und pfiff die Melodie:

„Ich hab' mein' Sach' auf nichts gestellt 2c."

„Heißt das, Meister, ich soll dem Herrn Ba=
ron sagen, daß Ihr ihm — was auslacht und
seinem Befehle nicht Folge leisten wollt?" fragte
in spitzem Tone der Bediente.

„Wie Du Deine Antwort einkleiden willst,
überlasse ich Deinem ausgezeichneten Witze,
guter Junge," entgegnete der Kunsttischler. „Hätte
der Baron, dem ich meine Achtung vermel=
den lasse, mir Befehle zu ertheilen, so würde
ich ihnen nachkommen, da dies aber nicht der

Fall ist, ich vielmehr laut Kaufcontract hier auf
meinem freien Erbe sitze und, streng genommen,
nicht einmal Mitbewohner von Rense bin —
denn dieser Grund und Boden heißt von Alters=
her die Freiwaldskante — so bin ich außer Stande,
seinem Befehle zu gehorchen."

Er nahm den Schnitzer zur Hand und
schärfte ihn auf einem neben der Werkstatt befind=
lichen Schleifsteine.

„Was soll das Kunstwerk denn vorstellen,
und für wen richtet Ihr's her?" fragte der Be=
diente, die ziemlich fertige Holzfigur etwas schär=
fer in's Auge fassend, indem er seine verschobene
weiße Halsbinde wieder in die rechte Lage brachte.
„Das Ding sieht ja partout einem vornehmen
Herrn ähnlich."

„Es soll auch einen solchen vorstellen."

„Das wäre!"

„Ich will ihm eine feste Anstellung geben,
damit er 'was Rechtschaffenes zu thun bekommt,
und ein Kleid werde ich ihm anziehen, daß ihn
alle Leute bewundernd angucken sollen. Gehst
Du gelegentlich wieder einmal vorüber, wirst Du
den sauber geschminkten vornehmen Herrn draußen
am Bachrande gleich neben dem Stege in voller
Thätigkeit finden."

Der Bediente lächelte spöttisch.

„Tretet den Vornehmen nur nicht gar zu hart
auf die Hühneraugen, Meister," sagte er, den
Hut von der Werkstatt nehmend und ihn wieder
mit seinem Rockärmel bürstend, „sie könnten leicht
dafür Revanche nehmen! Ganz entbehren kann
sie ja doch Keiner!.. Und Eure Antwort an
den Herrn Baron? Ernsthaft ist sie doch wohl
nicht gemeint?"

„Ich mein' es immer, wie ich sage," erwiderte
Caspar Spät. „Der Herr Baron ist nicht mein
Herr; mithin hat er mir auch keine Befehle zu
geben. Uebrigens sind wir schon seit Jahren
nicht mehr gute Freunde."

„Das weiß Gott!" versetzte der Bediente.
„Und Euch insbesondere scheint an großer
Herren Gewogenheit wenig gelegen zu sein. Viel=
leicht denkt Ihr später einmal anders, wenn Euch
nicht Alles nach Wunsche geht... Meinen Auf=
trag habe ich ausgerichtet, ich werde als zuver=
lässiger Bote auch Eure Antwort richtig beför=
dern."

„Thue das, Bursche, und Dein Herr wird
Dich loben!"

„Gott befohlen, Meister!"

„Guten Abend! Verlaufe Dich nicht in den Moorwiesen; es beginnt stark zu nebeln!"

Der Bediente entfernte sich. Kaum hatte er das Haus verlassen, so legte Caspar Arbeit und Schnitzer bei Seite und trat in das Nebenzimmer, aus dem sich die Stimme eines schreienden Kindes hatte vernehmen lassen. Hier saß eine junge, zarte Frau arbeitend am Fenster; neben ihr stand eine Wiege, die sie mit leichtem Fußdruck in gleichmäßig schwankender Bewegung erhielt. Ein Blick zärtlichster Liebe aus dem Auge der Frau fiel auf den Tischler.

„Du hattest Besuch, lieber Caspar?" redete sie ihn an und reichte ihm eine schmale, feine Hand. „Ich fürchte, keinen angenehmen... Deine Stimme klang so rauh."

„Vergieb, Else, wenn ich Dich erschreckt habe," versetzte der Tischler, indem er sich über die Wiege beugte und die sanften Athemzüge des schlafenden, noch kein volles Jahr alten Knaben belauschte. „Es war der Laffe vom Schlosse, der spitznasige Latte, der Dich zuerst verleumdete und mich mit dem Baron zusammensetzte. So oft ich ihn sehe, läuft mir die Galle über... Wir gerathen auch noch einmal hart an einander; denn der Bengel taugt so wenig wie sein Herr."

„Geh' ihm lieber aus dem Wege, Caspar!"
bat Else und stieß die Wiege von Neuem an.
„Was wollte er denn?"

„Vermuthlich mich ärgern, oder in Unruhe
versetzen, denn an seinen vorgeblichen Auftrag
kann ich nicht glauben... Die Flurwächter haben,
wie er mir sagte, ein paar Strolche aufgegriffen,
die um den Brand von Ober=Rense wissen wol=
len. Du erinnerst Dich, daß die Entstehung
desselben bis jetzt ein Geheimniß geblieben ist,
das ich am allerwenigsten durchschauen kann.
Der Baron freilich bleibt hartnäckig anderer
Meinung. Ich lasse mich aber von Niemand
in's Bockshorn jagen."

„Erzürne Dich nur nicht mit dem Baron,
bester Mann," bat Else. „Er trägt einmal nach,
und ruht nicht eher, bis er sich auf irgend eine
Weise gerächt hat... Ich bedaure noch heute,
daß wir damals, als ich glücklich entkommen
war, die Gegend nicht für immer verlassen ha=
ben... Daß ich ihn verschmähte, durch seine
Geschenke mich nicht bethören ließ und Dir
mein Herz schenkte, sollst Du entgelten...
Gieb Acht, er ruht und rastet nicht, bis er
uns in's Unglück gestürzt hat!.. Sei also vor=
sichtig, lieber Caspar, und behandle ihn freund=

lich!.. Können wir uns nur Jahr und Tag
noch hinhalten, so glückt es uns wohl mit Hülfe
Deines Freundes Joachim, uns hier los zu
machen... Geschickte deutsche Arbeiter sollen in
allen Küstenstädten Südamerika's sehr gesucht
sein und fabelhaft hoch bezahlt werden. Ich
aber, mein Herzensmann, ich fürchte mich nicht
vor einer Reise von einigen Tausend Meilen,
wenn Du nur bei mir bist, und Gott uns den
süßen Jungen mit seinen klaren Sternenaugen
gesund erhält."

Die junge Mutter küßte das schlafende Kind
auf den rosigen Mund, bis es die weichen Lippen
bewegte, legte dann ihren Arm um den kräftigen
Nacken des Mannes und schmiegte sich zutraulich
an seine Brust.

„Unter der Hand will ich schon morgen mit
dem Frühesten Erkundigungen einziehen über die
aufgegriffenen Landstreicher," sagte Caspar Spät,
mit Else das Schlafzimmer verlassend und zurück=
kehrend in das Gemach, wo die Werkstatt stand.
„Der Organist in Hohenrothstein weiß vielleicht
etwas davon, denn der Baron steckt mit dem
Grafen immer zusammen, und dieser bringt
Neuigkeiten gern schnell unter die Leute. Frem=
des Gesindel trieb sich im Herbst an der Waldecke

herum, das ist wahr. Ich sah das zerlumpte
Volk selbst hinter den Erlen am Pfaffenhorn
lagern, als ich in der vom Feuer taghell gelich=
teten Nacht über das Moos wanderte... Gleich
Tags darauf äußerte ich gegen nahe Bekannte
meine Gedanken, die ich klüger für mich hätte
behalten sollen... Wenn man sich völlig rein
weiß, nimmt man's mit einem Worte eben nicht
immer genau."

„Wenn der Baron nun wirklich Dich spre=
chen wollte in dieser dunkeln Angelegenheit,
würdest Du ihm nicht Rede stehen?" fragte Else
zögernd.

„Es kommt Alles darauf an, wie er sich zu
mir stellt," entgegnete Caspar. „Auf höfliche
Fragen gebe ich Jedermann höfliche Antwort,
wenn mich aber ein sogenannter Vornehmer durch
einen Menschen, der noch weniger in der Welt
vorstellt, als ich selbst, anschnauzen läßt, bin ich
kurz angebunden. Ich brauche mir dergleichen
nicht gefallen zu lassen. Wer aber nicht selbst
etwas auf sich hält, den treten Andere unbarm=
herzig unter die Füße."

Es war inzwischen dunkel geworden. Ueber
dem tiefen, steinigen Bett des rauschenden Was=
sers lag dampfender Nebel, der sich über den

tiefer gelegenen moorigen Wiesen, welche der
Bach in mäandrischen Windungen träg durchzog,
dergestalt verdichtete, daß sie jetzt einem grauen
Wolkenmeer glichen. Aus demselben ragte jen=
seits der Wiesen auf waldigem Hügel der alter=
thümliche Bau des Schlosses Alteneck hervor, der
Stammsitz der Freiherren=Familie gleichen Na=
mens. Die Blicke des jungen Ehepaares richteten
sich auf diesen Schloßbau, denn es knüpften sich
für dasselbe an ihn frohe und trübe Erinne=
rungen.

„Dort in dem Erkerzimmer des linken Flü=
gels sahen wir uns zuerst," sagte Caspar und
drückte den Kopf seiner Frau sanft an sein Herz.
„Weißt Du's noch, Else?.. Du erschrakst vor
mir nicht weniger, wie ich vor Dir; denn Du
stürztest mit wirrem Haar und irrem Blick in
den Saal, wo ich mit Zusammenfügen des neuen
Parquets beschäftigt war und es mir der Hitze
wegen etwas bequem gemacht hatte... Dennoch
bliebst Du, während der Baron mit dem wein=
glühenden Gesicht zurückprallte, als hätte er den
Teufel oder einen flammenschwingenden Erzengel
gesehen. Sehr respectvoll mag ich ihn freilich
nicht angeblickt haben. Seitdem ward er mir
giftig, cujonirte mich auf alle Weise und suchte

Dich bei mir so infam anzuschwärzen, daß mir früh genug die Geduld riß, und ich ihm auf gut deutsch und in bürgerlichem Tone Bescheid sagte... Nachher kamen die Tage des Leidens, der Prü= fung, der schmachvollsten Verleumdung, denen Du durch die Flucht ein Ende machtest."

„Und die nie, nie wiederkehren werden und können," fiel Else ein. „Bei Dir weiß ich mich sicher und fürchte mich vor Niemand; bö= sen, heimtückischen Menschen aber gehe ich doch gern aus dem Wege, um sie nicht zu reizen. Und darum folge meinem Rathe und siehe zu, daß du nicht abermals Streit mit dem Baron oder einer seiner erkauften Creaturen er= hältst!"

„Ich reize ihn nicht, Else; nur unwürdig behandeln kann ich mich von ihm nicht lassen," erwiderte Caspar. „Duldete ich das nur ein ein= ziges Mal, so bin ich gewiß, er stellte die wahn= sinnigsten Forderungen an mich... Menschen seines Schlages ist nichts heilig, wenn es ihnen nur gelingt, sich immer auf's Neue Amusements — was diese Herren so nennen — zu ver= schaffen."

Else beruhigte sich bei diesen Worten ihres Mannes. Sie zündete Licht an, schloß die Fen=

sterläden und deckte dann den Abendtisch, an dem sich das zufriedene Ehepaar noch lange über Pläne unterhielt, die früh schon entstanden waren, sich aber noch immer nicht realisiren lassen wollten.

5.

Adam von Alteneck und Barbara.

In Alteneck ging es ungewöhnlich lebhaft zu.
Den geräumigen Schloßhof erfüllte eine Menge
Neugieriger aus den Orten Ober= und Nieder=
Rense, denen der Baron heute gern Zutritt ge=
stattete, obwohl er sich für gewöhnlich mit dem
Volke nicht gern abgab. Er hatte von seinem
früh verstorbenen Vater den ganzen Stolz des
Grandseigneur geerbt, der verächtlich auf die
Menge herabsieht. Heute jedoch galt es, die
Ansicht auch des gemeinsten Mannes zu hören,
wenn er nur unbescholten war. In einem festen
Gewölbe, den Blicken Aller ausgesetzt — denn die
Doppelflügel des Thorweges standen weit offen —
lagerten zwei Männer, eine alte Frau und
ein junges ziemlich hübsches Mädchen. Zur

Seite stand ein Karren, mit einer schlechten, schon oft ausgebesserten Plane überspannt, den zwei große zottige Hunde zogen, die jetzt, die Köpfe zwischen den Vorderpfoten, schliefen.

Die kleine Vagabondenfamilie — denn eine solche haben wir vor uns — sah fremdartig aus, gab vor, aus den steyrischen Bergen zu kommen, sprach einen Dialekt, welcher dieser Behauptung wenigstens nicht widersprach, und war ihrer Aussage nach auf dem Wege nach Amerika. Die Wahrheit dieses letzteren Vorgebens ließ sich in Zweifel ziehen, denn eine große Anzahl Einwohner von Ober= und Nieder=Renfe sagte einhellig aus, dieselben Leute hätten sich schon im Herbst vorigen Jahres in der Gegend herumgetrieben, gebettelt, es wohl auch nicht immer sehr ängstlich mit dem Mein und Dein genommen, und bald in offenen Schuppen, wie man sie öfters in größeren Bauernhöfen findet, bald auch unter freiem Himmel zwischen deckendem Gesträuch oder hinter schützenden Hecken übernachtet.

Zigeunerhaftes Wesen trug die herabgekommene Gesellschaft zur Schau, weshalb das Aufpassen derer, welche für die öffentliche Sicherheit zu sorgen haben, gerechtfertigt schien. Der Baron von Altenect verdiente daher eher Lob als Tadel, daß er die Herumtreiber aufgreifen ließ und sie einem scharfen Examen unterwarf.

Es hatte nicht direct in der Absicht des Edel= mannes gelegen, die Fremdlinge irgend einer gravirenden Handlung zu bezichtigen. Er wollte sie einfach los sein, weil er ihnen nichts Gutes zutraute. Persönlich sich mit den Strolchen zu befassen, fiel ihm auch nicht ein; das überließ er seinem Amtsschreiber, einem Manne von scharfem Verstande, der zum Criminalisten gebo= ren war.

Dieser Mann erinnerte sich gleich beim Ein= bringen der Herumstreicher, daß unmittelbar vor dem Brande des großen Hofes Ober=Rense eine ganz ähnliche Gesellschaft, von gleicher Kopfzahl, in beiden Ortschaften gesehen worden sei. Tags nach dem Brande war sie verschwunden und tauchte auch nicht wieder auf.

Das Feuer in Ober=Rense war unter Um= ständen zum Ausbruche gekommen, die eine ab=. sichtliche Brandstiftung sehr wahrscheinlich erschei= nen ließen. Die Lohe schlug zuerst aus einer zum Dreschen des Getreides unbenutzt gebliebe= nen Scheuer auf, neben welcher der Wagen der Bettler mit dem jungen Mädchen und der alten Frau bis zum Dunkelwerden — Mehrere be=

haupteten bis in die Nacht hinein, die sehr win=
big und finster war — gehalten hatte. Die
Männer hatte man bettelnd in Ober= und Nie=
der=Rense gesehen, zuletzt auch auf dem abge=
brannten Hofe, dessen Verwalter die Leute ihrer
argen Zudringlichkeit wegen barsch und unter
Androhung der Verhaftung abwies.

Noch während des Feuers lenkte sich der Ver=
dacht, es möge von schlechten Menschen angelegt
worden sein, auf diese bettelnden Fremden, und
hätte man ihrer habhaft werden können, würden
sie einer strengen Untersuchung schwerlich ent=
gangen sein. Später verflüchtigte sich dieser Ver=
dacht, und es tauchten andere Gerüchte auf, die
indeß Jeder geheim hielt, weil offenes Aussspre=
chen derselben Manchen in schwere Verlegenhei=
ten gestürzt haben würde.

Der Amtsschreiber auf Schloß Alteneck hatte
jedenfalls nichts zu befürchten, wenn er durch
geschickt gestellte Kreuz= und Querfragen die von
Vielen wieder erkannten Herumtreiber in die
Enge zu treiben suchte. Ein solches Manöver
konnte ja zu wichtigen Aufschlüssen, vielleicht gar
zu einem Geständniß führen. Das Endresultat
war aber ein ganz unerwartetes. Der Amts=
schreiber ward so sehr davon überrascht, daß er

den Baron sofort davon in Kenntniß setzte. Die
fremden Bettler hatten Aussagen gethan, die sich
nicht ignoriren ließen, und die, als Baron von
Alteneck sie erfuhr, auch von diesem so inhalts=
schwer gefunden wurden, daß er die Einleitung
einer strengen Untersuchung für unbedingt gebo=
ten hielt.

Aus dem Hofe führte eine Rampe zu
dem Mittelbau des Schlosses, der eine Flucht
geräumiger Zimmer enthielt, von denen nur die
nach dem Park hinaus gelegenen für gewöhnlich
benutzt wurden. Auf dieser Rampe saßen Grup=
pen von Arbeitern und Hauseigenthümern aus
den genannten beiden Dörfern, welche nur ge=
kommen waren, um die vorläufig in Haft genom=
mene Auswandererfamilie in Augenschein zu
nehmen und ihre Meinung über dieselbe abzu=
geben. Alle erkannten in den Fremden die Ge=
sellschaft vom vergangenen Herbst, und in den
Meisten regte sich der alte Verdacht. Was der
kluge Amtsschreiber den Fremden durch seine
Fragen entrissen hatte, war jedoch Allen noch
ein Geheimniß. Der Baron allein wußte dar=
um, und sein Kammerdiener ahnte den unge=
fähren Sachverhalt in Folge der Aufträge, die
er erhielt und zu denen auch die Entsendung

des naseweisen Bedienten gehörte, der eine so
unfreundliche Aufnahme und eine so schnöde
Antwort im Hause des Tischlers Caspar Spät
erhielt.

Baron Adam von Alteneck hatte das von sei=
nem Amtsschreiber aufgenommene Protokoll mit
vieler Aufmerksamkeit durchgelesen und gerieth
dadurch in eine schwer zu beschreibende Stim=
mung. Man konnte es nicht Freude nennen,
was den fast sechzigjährigen, auf dem linken
Fuße stark lahmenden Mann so merkwürdig
aufregte, obwohl das funkelnde Auge mehr frohe
Blutwallung als düstere Niedergeschlagenheit oder
dumpfen Schreck verrieth.

Ungeachtet seiner Jahre ging Adam von
Alteneck wie der jüngste Elegant gekleidet. Selbst
das dünn gewordene, fahlgraue Haar, das nur
über der Stirn und an beiden Schläfen noch ein
paar Büschel bildete, hatte er sich von seinem
Kammerdiener brennen und kräuseln lassen. Das
verlebte Gesicht, von jener eigenthümlichen Röthe
angehaucht, die den leidenschaftlichen Weintrin=
ker kennzeichnet, war von einer Narbe entstellt,
welche quer von der rechten Backe nach der
Spitze des breiten, stark vorspringenden Kinnes
lief und sowohl dieses wie beide Lippen spaltete.

Der Bediente trug im Gartensalon, wo der
Baron gern verweilte, weil ihn da Niemand
beobachten konnte, ein leckeres Frühstück auf nebst
zweierlei Wein. Eine Flasche Champagner ward
auf dem Buffet in Eis gestellt, damit er zur
Hand sei, wenn der Gebieter Appetit auf ein
Glas Schaumwein bekommen sollte.

„Latte," sagte Baron Adam, zu dem geschäftigen Bedienten, den wir schon kennen, und der
beide Weinflaschen, Burgunder und Rüdesheimer
entkorkte, „Du scheinst Recht zu behalten; der
Tropf kommt nicht... Ich hätte ihm solchen
Trotz nicht zugetraut. Er rennt vollen Laufes
in's Unglück!.. Soll ich ihn abholen lassen?"

Der Bediente zuckte die Achsel und meinte,
das werde nächst dem gnädigen Herrn wohl der
Amtsschreiber am besten wissen.

„Mich dauert nur die niedliche Meerkatze
mit ihren hübschen Zähnen," fuhr der Baron
fort und schenkte sich einen Römer Rüdesheimer
ein. „Nicht, daß sie eine solche Lection ihrer
schlechten Aufführung und ihrer groben Undank-
barkeit wegen nicht verdient hätte, aber es wäre
doch schade, wenn der Schreck über die Schlechtigkeit ihres Auserwählten sie häßlich, vielleicht
gar verrückt machte. Ich könnte mich der leicht-

fertigen Person dann nicht einmal mehr väterlich
annehmen, wozu ich doch entschlossen bin; denn
ich habe eine Aversion gegen alle Leute, die nicht
mehr ganz klaren Geistes sind. Du weißt, wes=
halb, Latte!.. Hast Du das quieke Weibchen ge=
sprochen oder gesehen? Hält sie der wackere
Schreiner, der sich vielleicht noch den Schemel
zu seiner Himmelfahrt eigenhändig zimmern wird,
gut im Leime?"

Er lächelte den Bedienten faunisch an, der
sich nur devot verbeugte.

"Verfluchter Kerl!.." murmelte der Baron
leise zwischen den Zähnen. "Ist doch zu benei=
den!.. Schon darum möcht' ich ihn an Hals
und Kragen packen!.. Marsch, rufe den Amts=
schreiber!"

Latte sprang wie ein Windhund aus dem
Salon, um den Befehl seines nichts weniger
als freundlichen und leutseligen Herrn auszu=
führen.

Bald nach Entfernung des Bedienten zeigte
sich auf der von Schlinggewächsen umrankten,
auf schlanken Säulen ruhenden Veranda, welche
an den Salon stieß und durch eine Flügelthür
mit diesem in Verbindung stand, eine altmodisch,
aber fein gekleidete Frau. Eine Haube von

eigenthümlichem Schnitt, über der Stirn sich
wie ein stumpfes Horn rückwärts krümmend,
das auf beiden Seiten von goldig schillern=
dem Taffet umhüllt war, blickte forschend durch
die spiegelhellen Scheiben der Thür in den Sa=
lon, wo der Baron sehr eifrig mit seinem Früh=
stück beschäftigt war. Leise öffnete sich dann die
Thür, und die Frau trat ein und ging mit
großen Schritten nach dem Tische, an welchem
der mit trefflichem Appetit gesegnete Baron saß.
Dieser streckte die Hand eben nach dem vollen
Römer aus, als er einen Druck auf seiner
Schulter fühlte. Sich umkehrend, sah er in ein
bleiches strenges Gesicht, dessen ernste Züge nur
der sanfte Glanz zwei noch immer schöner, wenn
auch bekümmert blickender Augen milderte.

„Verdammte alte Schleicherin, wie magst
Du mich so erschrecken!" rief er ärgerlich aus,
den Wein im Römer zur Hälfte verschluckend.
„Wenn mir der Bissen im Schlunde stecken blieb,
und mich rührte der Schlag, so wärst Du Schuld
gewesen an meinem Tode!"

Auf die bleiche ernste Frau machten diese
hastig hingeworfenen Worte keinen Eindruck.
Sie deutete mit dem Zeigefinger der rechten
Hand auf des Barons Stirn und sagte in

flüsterndem Tone: „Haben Sie ihn ganz verges=
sen, Adam?"

Ihr Blick war dabei so leuchtend und von
solcher Kraft, daß Baron von Alteneck ihn nicht
ertragen konnte. Den Rest des Weines im Glase
ausschlürfend, entgegnete er:

„Von wem sprichst Du, Barbara?.. Du
bringst Deine Worte jetzt immer so confus vor,
daß ich Dich kaum noch verstehen kann."

„Von ihm, Adam, für dessen Fortkommen
zu sorgen Sie mir viele Male heilig versprochen
haben!"

„Nun, Alte, dieses Versprechen denke ich auch
buchstäblich gehalten zu haben. Daß der trotzige
Eigensinn schon Jahre lang nichts mehr von sich
hören läßt, dafür bin ich doch nicht verantwort=
lich zu machen?"

„Doch, Adam, doch!" fiel Barbara, die alte
Beschließerin ein, die als junges, fröhliches
Mädchen nach Alteneck gekommen war, um dem
damals noch unverheiratheten Baron die Wirth=
schaft zu führen. „Wer einen Menschen, der
noch Knabe ist, in die Fremde schickt und nie
wieder nach ihm fragt, der bürdet seinem Ge=
wissen eine schwere Last auf. Und das haben Sie
gethan, Baron von Alteneck!"

„Weißt Du, daß ich Lust habe, Dich einstecken zu lassen oder Dir im Armenhause einen Platz anzuweisen, Alte?" versetzte dieser. „Deine Zunge spricht ungereimtes Zeug in die Welt hinein, weil Dein Gedächtniß schwach wird. Das genirt und ärgert mich. Beides aber verdirbt mir den Appetit, und das mag ich nicht leiden, wie Du von früherher noch wissen mußt."

„Vor dem Armenhause bangt mir nicht, Adam," entgegnete Barbara und ein trübes Lächeln ging über ihre ernsten Züge. „Ich würde meine Zunge dort nicht im Zaume halten und den Beweis liefern, daß ich ein furchtbar treues Gedächtniß besitze; mich aber einstecken zu lassen, weil ich menschlich fühle und nicht Alles verges= sen kann, wie Sie, dazu haben Sie keine Ge= walt!.. Wenn die schleichende, stille Barbara, die Frau mit dem goldenen Horn, die jedes Kind und jeder Arbeiter kennt, nicht mehr ge= sehen würde, erkundigten sich nach ihr laut und leise mehr neugierige Menschen, als der Tag Minuten hat..."

Baron von Alteneck füllte seinen Römer auf's Neue und ließ einige Tropfen des feurigen Wei= nes in ein zweites leeres Glas fallen.

„Sei nicht so verdrießlich, Alte!" sagte er

mit heuchlerischem Lächeln. „Auf Dein Wohl!
Mögest Du noch lange Jahre auf Schloß Alten=
eck zum Rechten sehen!.. Ich denke, wir haben
uns so lange vertragen, daß es geradezu eine
Schande wäre, wenn wir uns auf unsere alten
Tage noch erzürnen wollten... Sag's gerade
heraus, Bärbchen, was ist's mit Dir? Was
willst Du?.. Wie kommst Du auf einmal, ohne
alle Veranlassung auf den verschollenen Jungen
zu sprechen?.. Laß ihn doch ruhen in seinem
nassen Grabe!.. Glücklich zu preisen sind Alle,
die in jungen Jahren sterben, denn sie finden
keine Gelegenheit, sich gegen das, was Pfaffen
und Kopfhänger das Heilige nennen, aufzuleh=
nen und sich unter die Kinder der Finsterniß
zu mischen.“

Barbara blickte den spöttisch Redenden finster
an. Ihr Finger berührte leise seine Stirn,
dann ergriff sie das Glas und schüttete die
wenigen darin befindlichen Tropfen Wein auf
das Parquet.

„Ich trinke keinen Wein, Adam, Sie wissen
es,“ sprach sie. „Ihre Frage aber will ich nüch=
ternen Verstandes beantworten... Ich sah die
Verhafteten unten im Hofkeller, und dabei mußte
ich Hubert gedenken... Der junge Mann mit

den großen blanken Knöpfen an der zerrissenen
Weste ist genau so alt, wie Hubert, wenn er
noch leben sollte. Auch könnte er dem Gefan=
genen im Aeußern gleichen... Er hat schöne,
graublaue Augen und volles, weiches, braunes
Haar!.. Warum sind die Leute verhaftet wor=
den, Adam? Weil sie arm sind und bettelten?..
Dann gebe man ihnen Nahrung und ein Stück
Geld, damit sie weiter ziehen können und ihr
Schicksal erfüllen."

Baron von Alteneck runzelte die Stirn und
fuhr sich mit der wohlgepflegten, ein wenig zit=
ternden Hand über das gebrannte, stark parfu=
mirte dünne Haar.

„Du mußt Deine Schnüffelnase auch überall
haben," sagte er. „Bleibe lieber ruhig auf
Deinem Zimmer und kümmere Dich nicht um
die Dummheiten anderer Leute. Wenn Du mir
darin den Willen thätest, könntest Du wie im
Himmel leben!... Du weißt, ich wollte stets nur
Dein Bestes..."

„Wenn Sie selbst Ihr eigenes Bestes eben=
falls wollten, Adam," fiel Barbara ein. „Das
ist, was Sie immer vergaßen und vergessen
werden, bis ..."

„Schnürt Dir ein böses oder unwahres Wort

die Kehle zu, daß Du die Augen verdrehst, wie ein entrüsteter Moralprediger?"

„Bis der Tod sich über Sie beugt, Adam, und Ihnen Ihr Sündenregister vor das brechende Auge hält! Dann werden Sie stöhnen und ächzen, und es jammernd beklagen, daß Sie so gar kein Gedächtniß hatten!..."

Baron von Alteneck zwang sich zu lächeln. Der Bediente Latte wollte eintreten, zog sich aber, als er die blasse Beschließerin erblickte, sogleich wieder zurück.

„Lege Deine blitzende Haube ab, Bärbchen, und gehe in's Kloster," antwortete er leichthin. „Ich habe Bekanntschaft unter der hohen Geistlichkeit Deines Geburtslandes, die mir den Gefallen thun und Dich irgendwo gut als Klostermama unterbringen. Von Deinen Erfahrungen kann das junge Volk, das Buße thut, noch ehe es etwas zu büßen hat, Mancherlei lernen. Denn willst Du nur ehrlich sein in Deinen Erzählungen, so würden Deine Zuhörerinnen vor Langeweile nicht sterben."

„Wann lassen Sie die armen Leute ziehen, Adam?" fragte in kaltem Tone Barbara.

„Sobald es bewiesen ist, daß Ober-Rense von dem Gesindel nicht angezündet wurde."

„Wer soll das beweisen?"

„Die Untersuchung, die ich über den Vorfall einleiten will."

„Halten Sie die armen Menschen für schuldig?"

„Interessirt Dich das, Barbara?"

„Ja, gestrenger Herr! denn wer in Ihren Augen schuldig ist oder unbequem, der muß un= schädlich gemacht werden!.. Dennoch sage ich Ihnen, Sie werden sich an diesen Menschen nicht vergreifen, weil sie Landsleute der Mutter Ho= ratio's sind und deren Familie kennen!"

Das immer röthlich glänzende Gesicht des Barons färbte sich um einige Tinten blässer... Latte öffnete zum zweiten Male die Thür.

„Geh', Bärbchen, ich bin augenblicklich pres= sirt," sagte er, und goß aus Versehen Burgunder in den leeren Römer. „Die Leute sollen ihre Freiheit erhalten, bei meiner Ehre!"

Um Barbara's eingefallenen Mund zuckte ein verächtliches Lächeln.

„Ehe ich Ihrem Befehle gehorche, gestrenger Herr," gab sie in fast höhnischem Tone zurück, „müssen Sie mir bei Ihrem Gewissen noch ein Versprechen geben, an das ich das Recht habe, Sie so lange täglich zu erinnern, bis Sie es halten!"

„Du bist ein unausstehlicher Quälgeist!..
Rede, aber mach' es kurz!"

„Schreiben Sie an den Hamburger Rheder,
auf dessen Schiffe der Knabe Hubert vor zehn
Jahren in See ging!"

„Der Mann ist längst gestorben, und Briefe
nach den Wohnungen der Seligen befördert die
Post nicht."

„Die Firma besteht aber noch, Adam... ich
weiß es aus den Zeitungen. Der pensionirte
Schulmeister Helfer in Hohenrothstein erhält
aller vierzehn Tage regelmäßig einen Packen zu=
geschickt, um etwas über Amerika und über die
Schiffsverbindungen Europa's mit jenem fernen
Welttheile zu erfahren... Ein Sohn des braven
Mannes — Sie wissen es, Adam — ist dahin
ausgewandert!.. Von der Firma werden Sie
Auskunft erhalten."

„Meinetwegen!" sagte Baron von Alteneck
und stürzte den starken Wein hinunter. „Ich
will Dir den Gefallen thun, obwohl ich über=
zeugt bin, daß wir nicht einmal Antwort be=
kommen!"

„Es ist gut, Adam," versetzte mit starrem
Ernst die alte Beschließerin. „Geloben Sie es
bei Ihrem Gewissen! Gelobe es Bärbchen, wie

6*

damals, als Du ihr bei Deinem Gewissen ver=
sprachst, ihr niemals untreu zu werden!"

Der Baron erfaßte den Arm der Beschließerin,
raunte ihr knirschend zu: „In Teufels Namen,
so schweige doch endlich! Ich gelobe ja Alles,
was Du verlangst!" führte sie nach der Veranda
und schloß die Glasthür hinter ihr zu. Lang=
samen Schrittes und mehrmals den Finger
mahnend gegen den Baron erhebend, entfernte
sich Barbara. Als die hohe Spitze ihrer blitzen=
den Haube hinter dem letzten mit wildem Wein
umrankten Pfeiler der Veranda verschwand, rief
Alteneck laut und mit dem Fuße stampfend den
Bedienten.

Latte trat sogleich ein und machte eine tiefe
Verbeugung.

„Herr Ehrenschild soll in meinem Cabinet auf
mich warten," rief ihm der Baron zu. „Ich muß
mich verschnaufen... Die alte Schwätzerin hat
mir den Kopf so heiß gemacht, daß ich keinen
Gedanken fassen, viel weniger ein vernünftiges
Gespräch führen kann... Laßt sie aber ungestört
und reizt sie nicht durch Neckereien! Anders ist
sie damit doch nicht zu machen... Noch Eins,
Latte!.. Herr Ehrenschild soll Vorkehrungen
treffen, daß die Herumstreicher über die Grenze

transportirt werden können, sobald ich seinen
Vortrag angehört und Beschluß darüber gefaßt
habe!"

„Sehr wohl, Herr Baron," sagte der ge=
schmeidige Bediente, verbeugte sich in hergebrachter
Weise und machte Kehrt. Adam von Alteneck
verweilte aber noch, obwohl er große Eile zu
haben vorgab, über eine Stunde im Salon, wo
ihn der ab und an vor der Thür lauschende
Latte auf und ab gehen hörte.

6.

Jugendfreunde.

————

Zwei junge Männer kehrten von einer Durch=
wanderung der sächsischen Schweiz in ihre Hei=
math zurück. Sie hatten zuletzt den großen
Winterberg bestiegen und auf dem berühmten
Prebischthor glückliche Stunden verlebt. Aus
Nachlässigkeit und jugendlichem Uebermuth ver=
schmähten sie jeden Führer, die zur Zeit unserer
Erzählung noch nicht eine organisirte Gesellschaft
bildeten, wie gegenwärtig, damals aber ungleich
nöthiger waren, da mancher versteckt gelegene
Grund kaum auf schmalen Stegen zugänglich war.
Die sichersten Wegweiser für führerlose Wanderer
waren immer die munteren Gewässer, die keinem
Grunde fehlen, und wenn nicht stets in einen
größeren Ort, doch sicher zu einem einsam ge=

legenen Waldhause oder zu einer Försterei
führen.

Das Ziel der beiden Wanderer, die graue,
leichte Staubmäntel über ihre gewöhnlichen Kleider
trugen, war das Städtchen Kreywitz in Böhmen.
Als tüchtige Fußgänger würden sie ihr Ziel er=
reicht haben, wären ihnen die nächsten Richtwege
bekannt gewesen. Allein der Gegend unkundig,
geriethen die jungen Männer nach einigen Stun=
den auf völlig menschenleeren Waldpfaden zwar
nicht in die Irre, aber sie machten doch große
Umwege, und als der Abend anbrach, waren sie
noch mehrere Stunden von ihrem heutigen Reise=
ziele entfernt. Zur Vermehrung ihrer Ver=
legenheit umzog sich der Himmel auch noch mit
dunkelm Gewölk; es begann zu blitzen, der Donner
rollte immer lauter und näher, und die Wipfel
der Bäume beugten sich unter der Gewalt eines
unheimlichen Wettersturmes. Da blinkte in
nicht großer Entfernung der freundliche Stern
eines Lichtes, man hörte das Rauschen stürzen=
den Wassers und Hundegebell, und die bereits
sehr still gewordenen Wanderer, die mit ihren
Stöcken fühlend den Weg suchten, lebten neu auf.

„Wir kommen unter Menschen," sagte der
Vorderste, eine breite, untersetzte Gestalt, „und

beim Wolkenversammler Zeus, meiner Mutter
Sohn lechzt nach der Wohlthat eines Holzsche=
mels oder einer schmalen Ofenbank, wie sie hei=
misch zu sein pflegen in der erhabenen Roman=
tik der herrlichen böhmischen Wälder."

„Mein Lebensbedürfniß ist ein kühler Trunk,
ein tüchtiges Stück Brod und, wenn's sein kann,
etwas Fleischernes als „Zukost," erwiderte der
Hintermann, ein schlank aufgeschossener Jüngling
mit fast mädchenhaft feinen Zügen, denen noch
jeder Anflug von Bart fehlte. „Wohin wir auch
gerathen mögen, ich schlage vor, wir bleiben;
Räuberhöhlen giebt es hoffentlich nicht mehr viele
so nahe den Städten der Civilisation."

„Aber der Rüden Gebell ladet zum gastlichen
Herd!" fiel der Untersetzte mit Emphase ein.
„Ich hoffe, ein stattlicher Jägersmann nimmt
uns gastfreundlich auf und bereitet uns auf duf=
tigem Heu oder Moos ein urteutonisches Lager.
Wir aber erheben die Hände zum lecker bereiteten
Mahle."

„Das wahrscheinlich aus dünner Milch oder
eitel Wasser, wenn's hoch kommt, aus Roggen=
brod, Butter und Käse bestehen wird," sagte er=
gänzend der Schlanke.

„Achtung vor meiner Prophetengabe!" rief

der Untersetzte und blieb, auf seinen Stock gelehnt,
am Ufer eines schäumenden Wassers stehen,
über dessen steiniges Bett ein kaum fußbreiter
Steg ohne Lehne führte. Ein Blitz lichtete eben
den Wald, beleuchtete einen schmalen Wiesen=
streifen, den phantastische Sandsteingebilde be=
grenzten, für einige Momente taghell, und ließ
die Wanderer ein paar Häuser erkennen, die offen=
bar zusammen gehörten, und von denen das
größere ein recht freundliches Aussehen hatte.
„Es ist ein Försterhaus, so gewiß Nimrod ein
großer Jäger war vor dem Herrn! Das zwölf=
endige Geweih über der Thür, das mein Luchs=
auge entdeckt hat, sichert uns eine stattliche Her=
berge. Laß uns einen Hymnus anstimmen, wie
er sich schickt in dieser Wildniß, und welcher den
einsam lebenden Menschen ankündiget,

Daß es sind Kinder des Mars, die da Einlaß begehren mit Würde,
Oder der Göttin der Jagd Befreundete, kundig der Sitte."

Und mit kräftiger Stimme begann er ein
Waidmannslied zu intoniren, ohne auf die Ein=
sprache seines Gefährten zu achten.

Die Hunde, schon vorher unruhig, erhoben
jetzt ein heftiges Gebell, wurden aber bald durch
die tiefe Baßstimme eines Mannes, der auf die
Schwelle des Hauses trat, zur Ruhe verwiesen.

Ein paar Secunden später standen die ermüdeten
Wanderer dem Forstmanne gegenüber, der die
Fremden mit seinen kleinen Augen einer scharfen
Musterung unterwarf. Der Untersetzte, dem der
Humor nicht leicht ausging, grüßte respectvoll,
konnte aber nicht unterlassen, in metrischer Form
um Imbiß und Nachtquartier zu bitten.

Der Forstmann lächelte.

„Haben S' Vacanz?" sagte er, die Meer=
schaumpfeife, die er rauchte, durch einige schnelle
Züge wieder in Brand setzend. „Na, da legen
S' halt Ihre Kittel ab und machen S' sich be=
quem drin im Stübel. 'S wird halt wohl noch
so viel Platz sein im Thomas=Joseph=Waldhause,
um ein paar Studenten unterzubringen... Wo
kommen S' her, wo wollen S' hin und wie
heißen S'?"

Der freundliche Forstmann, Joseph Thomas
mit Namen, ein graubärtiger, ächter Nimrod,
von harten Zügen und derbem, kernigem Wesen,
hatte inzwischen die Wanderer in's Zimmer ge=
führt, das zwei Lichter nothdürftig erhellten. Unter
der nicht hohen Holzdecke waren zur Seite eines
kleinen Spiegels, unter dem ein Marienbild
hing, zwei sechszehnendige Hirschgeweihe befestigt.

In der einen Ecke stand neben einem kleinen
Pulte ein Gewehrschrank.

Der Untersetzte beantwortete die Frage des
Försters sogleich, indem er, Mütze und Stock
weglegend, sagte:

„Reiche zum Gruß mir die Hand, die sichere, waffengewohnte,
Und mit dem Auge, dem glänzenden, späh' in das innerste
Herz mir!
Wahrheit nur redet mein Mund, die lauterste, wenn ich
Dir künde,
Daß wir steigen herab von der waldumgürteten Bergwand,
Um mit geflügeltem Fuß zu erreichen die heimische Scholle,
Jenseits gelegen der Welt, die böhmisch sich nennt oder
czechisch.
Dieser hier ist ein Sprosse der Burg, die auf rundlichem
Felsen
Raget zum Himmel empor und als Rittersitz Alteneck tönet,
Mir aber ward als Wiege zu Theil eines Bäuerleins
Kammer,
Klein, doch frei, von zierlichem Bau, geheißen die Einöd'.
Dort in der Einöd' leben mir heute noch Vater und
Mutter,
Stets umfassend mit Liebe den Sohn, Antonius Wacker.“

Der Förster, ein Mann, der Scherz verstand,
schlug ein schallendes Gelächter auf und schüt=
telte beiden Jünglingen die Hände, sie zum
Sitzen einladend. Gleichzeitig öffnete er eine
Seitenthür, die in ein kleineres Nebengemach
führte, und rief einer dritten Person einige

Worte zu. Dann stellte er den Tabakskasten
auf den Tisch und forderte die Herren Studen=
ten auf, Gebrauch davon zu machen, falls sie,
was er voraussetze, Liebhaber vom Rauchen seien.
Darin irrte nun Joseph Thomas. Weder Ho=
ratio von Alteneck noch Antonius Wacker konn=
ten der Tabakspfeife Geschmack abgewinnen, was
Ersterer mit einer gewissen Verlegenheit, Letzte=
rer lachend gestand, indem er hinzufügte, daß sie
von Apollo, dem Bereiter der Knasters, Beide
scheel angeblickt worden seien, ein Schicksal, das
sich nur durch Geduld ertragen lasse.

„Woher die Herren kommen und was Sie
vorstellen, hab' ich nun begriffen," sagte der
graubärtige Förster, auf der Wandbank zwischen
den Hirschgeweihen Platz nehmend, „wohin aber
die Reise gehen soll, haben Sie in Ihrem G'spaß
vergessen."

„Kreywitz sollte unser Nachtquartier werden,"
erwiderte auf diese Frage Horatio. „Ich bin in
früheren Jahren, freilich im Winter und zu
Schlitten, ein paarmal in dem Orte gewesen,
und glaubte nicht, daß wir so weit von ihm ent=
fernt sein könnten."

„Unsere Waldschluchten sind schlechte Weg=
weiser," sagte der Forstmann. Um so mehr

freut mich's, daß Sie, wenn S' morgen in der
Früh' oder wie's Ihnen sonst paßt, aufbrechen
wollen, nicht allein über die ausgefahrenen Fuß=
stege zu krabbeln brauchen. Ein zuverlässiger
Mann, mit dem ich oft verkehre, sitzt drinnen
im Cabinet und setzt mir ein Schreiben auf —
denn ich weiß mit Feder und Tinte schlechter
umzugehen wie mit Pulver und Rehposten...
Der geht denselben Weg und wird Sie führen...
Er muß gleich fertig sein mit dem Brief; dann
können wir allesammt noch ein Wort mit ein=
ander reden. Sind wir halt doch Alle erzdeutsche
Landsleute."

Joseph Thomas hatte kaum ausgesprochen,
so trat ein hagerer Mann mit schmalem Gesicht
und klugen, sehr tief liegenden Augen, in ein=
fach bürgerlicher Kleidung, aus dem Cabinet,
grüßte die jungen Reisenden ziemlich kühl, blickte
aber Horatio merkwürdig scharf an, als er des=
sen Namen von dem Bewohner des Waldhauses
erfuhr. Wir erkennen in ihm den Glashändler
Schmalbacher, den wir zuerst bei dem reichen
Bleicher Moosdörfer trafen. Einen Sessel an
den Tisch schiebend, sagte er, den forschenden
Blick weniger scharf dem jungen Manne zu=
wendend:

„Graf von Rothstein diente bei Beendigung des großen Krieges mit einem Baron von Alteneck, der freiwillig in die Armee getreten war, in demselben Regimente."

„Eben dieser ist mein Vater," bekräftigte Horatio. „Graf von Rothstein ist ihm stets ein eben so zuverlässiger Freund wie· Nachbar gewesen."

„Auch schon vor dem Feldzuge nach Ruß= land?" fragte Schmalbacher.

„Von jeher, werther Herr! Sie sind unge= fähr von gleichem Alter, haben zusammen studirt, sich gemeinschaftlich die Welt besehen und waren überhaupt von jeher ein Herz und eine Seele... Kennen Sie den Grafen von Rothstein persönlich?"

„Nur von Ansehen, Herr Baron, Worte ge= wechselt habe ich mit dem früheren Dragoner= Oberst nie. Zuletzt traf ich den Herrn Grafen bei Moosdörfer."

Antonius Wacker sah Schmalbacher sehr un= gläubig an.

„Spielt Graf von Rothstein das Positiv oder betheiligt er sich an Moosdörfer's Geschäften?" fragte er. „Von meinem Freunde hörte ich ihn stets als einen ungewöhnlich stolzen Mann schil= dern."

„Stolz, zum Aergern stolz ist er auch," warf

Horatio dazwischen. „Ich wundere mich, daß mein Vater das nicht fühlt. Alle anderen Menschen beklagen sich über des Grafen Stolz und hochfahrendes Wesen..."

„Wohl möglich," entgegnete Schmalbacher, „indessen die Herren kennen ja das Sprichwort: eine Hand wäscht die andere!.. Und mein Freund Moosdörfer ist ein Mann, den nicht selten auch Hochgestellte aufsuchen... Sein Bruder kann eines Tages noch Bischof werden, und geistliche Herren haben manchmal mehr Einfluß als weltliche."

Horatio piquirte diese Bemerkung des ihm gleichgültigen Mannes. Es war ihm sogar unangenehm, daß er sich einer Persönlichkeit gegenüber sah, die nicht ohne alle Kenntniß der Rothstein'schen Verhältnisse zu sein schien.

„Die Familie der Grafen von Rothstein hängen von der katholischen Geistlichkeit nicht ab," sagte er ein wenig brüsk. „Sie waren immer streng protestantisch."

„Darüber steht mir kein Urtheil zu, Herr Baron," entgegnete Schmalbacher; „vielleicht giebt es aber einen Unterschied zwischen strengem Protestantismus und strengem Christenthum — ich weiß es nicht. Gewiß jedoch ist, daß die

zweite Gemahlin des Herrn Grafen aus einer
katholischen Familie Bayerns stammte, und daß
diese Familie noch in zwei Linien blüht. Zwei
oder drei Sprößlinge derselben bekleiden geist=
liche Würden."

Horatio fühlte keinen Drang in sich, dies
Gespräch fortzusetzen, weshalb er demselben durch
eine an den Förster gerichtete Frage eine andere
Wendung zu geben suchte, was auch gelang.
Schmalbacher ließ den kaum berührten Gegen=
stand sogleich fallen, bot sich den Freunden in
zuvorkommendster Weise zum Führer an, und
erkundigte sich nur beiläufig nach deren letztem
Reiseziele. Darauf gab Antonius Wacker in
seiner lustigen Weise ausführliche Antwort, die
indeß so gefaßt war, daß sie auch den Klügsten
täuschen konnte. Schmalbacher ließ sich daran
genügen, lächelte und meinte, als Wacker schwieg:

„Sollten Sie jemals eines uneigennützigen
Freundes bedürftig sein, junger Herr, so klopfen
Sie an meine Thür. Ich bin gern bereit, tüch=
tigen Menschen einen Gefallen zu thun. Be=
sitze ich nicht selbst dazu die Mittel, so weiß ich
nöthigenfalls doch Rath zu schaffen, und müßte
ich auch Moosdörfer deshalb ansprechen."

„Einstweilen aber bitte ich, ein frugales

Abendbrot nicht verschmähen zu wollen," fiel
der Förster ein, indem er aufstand und die Thür
des Cabinets weit aufriß, an welcher schon ein
paarmal eine still wirkende Frau erschienen
war, die sich indeß beim Eintritt der beiden
Studenten sogleich wieder zurückzog. Es war
das in jenen walbreichen Gegenden, die Fremde
nur selten betraten, so Sitte. Frauen hielten
sich ganz fern, wenn ihre Gegenwart nicht aus=
drücklich begehrt ward.

Joseph Thomas, ein Mann nach altem Her=
kommen, verstieß nicht gegen diese Sitte. Er
machte bei dem gut besetzten Tische, dem eine
Schüssel mit frisch gesottenen schmackhaften Berg=
forellen nicht fehlte, als freundlicher Wirth die
Honneurs, erzählte allerhand Jagdgeschichten und
gab dadurch der Unterhaltung einen mehr heitern
Charakter, den sie auch bis zur Stunde der
Trennung behielt. Der Förster wies den jun=
gen Freunden ein wohnliches Schlafgemach an,
unter dessen Fenstern das Gemurmel des rau=
schenden Bergwassers die Ermüdeten bald in das
buntfarbige Reich der Träume entführte.

———

7.

Zwei Briefe.

Einige Tage nach dieser Begegnung zogen Horatio und Antonius wieder in die Musen=stadt ein. Schmalbacher war ihnen ein zuver=lässiger Führer gewesen, hatte sie vortrefflich unterhalten und ihnen mancherlei Lehrreiches über die industrielle Thätigkeit der Gegend mit=getheilt, die sie durchwanderten. Horatio zeigte dafür Interesse, was ihn zu allerhand Fragen veranlaßte, während Antonius Wacker, ein enthusiastischer Verehrer des Alterthums, nicht umhin konnte, sowohl den Freund wegen seines wunderlichen Geschmackes, wie die Bewohner ihres modern prosaischen Erwerbes wegen zum Ergötzen Schmalbacher's in manchem hochtrabend gehaltenen Hexameter zu persifliren.

Auf seinem Zimmer fand Horatio zwei
Briefe, deren Absender ihm die Handschrift schon
verrieth. Einer derselben war von seinem Vater
und trug den Poststempel der nahen Kreisstadt,
zu deren Gerichtsbarkeit Alteneck gehörte. Die
Verfasserin des zweiten konnte nur seine wilde
Cousine, die Comtesse Maximiliane von Allgramm
sein. Das mit ihm fast gleichalterige junge
Mädchen correspondirte häufig mit Horatio, der
an ihren originellen Briefen schon deshalb
großes Behagen fand, weil sie Ernstes und
Scherzhaftes, Kluges und Thörichtes bunt durch
einander mischte und sich an keine Regel, an
keine Vorschrift kehrte. Maximiliane's Brief
hatte daher ungleich größere Anziehungskraft für
Horatio als der seines Vaters, der selten heiter
schrieb und noch seltener ihm Dinge mittheilte,
an denen er sich ergötzen konnte. Horatio setzte
sich daher bequem in die Ecke des Sophas und
erbrach zunächst den Brief der übermüthigen
Cousine. Er war aus Ostende, wo die Comtesse
mit ihrer Mutter — der Vater war schon vor
mehreren Jahren gestorben — die Saison ver=
lebt hatte. Der Brief lautete:

„Namensbruder des Mannes, der sich einen
Freund des gramerfüllten Prinzen nannte, wel=

7*

cher zu schwach war, die in seinem eigenen Kopfe
aus den Fugen gegangene Welt einzurichten, ich
habe Lust, mich mit Dir auf Tod und Leben zu
schlagen. Du hast mich so schwer beleidigt, daß
ich vor mir selbst erröthen müßte, wenn ich Dir
verziehe... Galante Männer von guter Er-
ziehung — aber Gott sei's geklagt, Du bist gar
nicht erzogen — machen jungen, liebenswürdi-
gen Damen uneingeladen ihre Aufwartung,
Du bärenhafter Botokude nimmst Dir nicht einmal die Mühe, eine zweimalige Einladung auch
nur in höflicher Form abzulehnen. Bei Dir
muß man sich Alles denken. Hast demnach
keine Ursache, Beschwerde zu führen, wenn man
nur Schlechtes von Dir denkt... Wie könnt' es
anders sein, da Du einer Familie entstammst,
die... Blondlockiger Herzensjunge, dumm von
Dir war es doch, daß Du mich trauernd wie
Niobe am Meeresstrande sitzen ließest. Um nicht
zu sterben oder melancholisch oder gar häßlich
zu werden, sah ich mich mit meinen dummen,
runden Fischaugen nach Zerstreuung um, hing
sie, mit etwas seelischem Leuchtäther gefüllt, an
eine schwanke Angelruthe, und trug sie Abends,
wenn über die krause Stirn Neptun's blaurothe
Gedankenblitze fuhren, an der Strandpromenade

spazieren. Ein paar grüne, das heißt oliven=
grüne Gimpel von der Kehrseite unseres Erd=
balles, an jener Stelle, wo gegenwärtig ein leib=
lich gut getroffenes Conterfei des uns Narren
der Schöpfung verloren gegangen Paradieses
befestigt sein soll, waren so gütig, anzubeißen.
Mit ihnen habe ich mich göttlich amusirt, wenn
die gnädige Frau Mama, was sie leider immer
thut, in höheren Regionen schwebte. Nie früher
habe ich so tolles Zeug getrieben, wie mit diesen
chilenischen Gentlemen!.. Ich habe mit ihnen
wettgerudert, gejagt, geritten, geschossen, gezankt,
— vom Boxen hatten sie keinen Begriff — und
wollte auch mit ihnen einen Wettrauchkampf
bestehen. Da aber ward die verlähmte Excellenz
plötzlich so erzirdisch, daß ich retiriren mußte...
Schade, weiß Gott, jammerschade! Was aber
thut eine gute Tochter nicht ihrer angebeteten
Mutter zu Liebe! Angebetet!.. Ein schlechter
Ausdruck, nicht war?.. Lache mich tüchtig aus,
Vetter, ich werde Dich höchst zierlich am Barte
zupfen, wenn Dir nur erst einer wachsen wollte!..

„Weißt Du, Vetter Horatio, daß ich seit
Kurzem Herzklopfen habe? Im Ernst, ordentli=
ches Herzklopfen, gerade da, wo diese wunderliche
bewegliche Muskel liegt, deren Zweikammer=

system seit Anfang der Welt so entsetzlich viel
Unglück angerichtet hat. Und wir wundern
uns noch, daß die regierenden Fürsten einen
solchen Widerwillen gegen Einführung des Zwei-
kammersystems haben! Ist's nicht genug, daß
sich Verliebte und wirklich Liebende einander gegenseitig unglücklich machen, sollen's auch noch
die Völker thun, wenn sie, getheilt in zwei Kam-
mern, ihren Willen durchsetzen wollen?.. Dann
will ich doch lieber mein Herzklopfen für mich
allein behalten und Andere nicht frevelhaft in's
Unglück stürzen...

„Um aber noch einmal auf meinen Fang
zurückzukommen, ungezogener Vetter mit dem
blassen Hamletsantlitz, so kann ich Dich versichern,
es sind ein paar allerliebste Gimpel, die schon
jetzt singen, wie ich pfeife... Um Weihnachten,
wahrscheinlich schon früher, komme ich für einige
Zeit nach Alteneck. Ich bin so boshaft gewesen
— nur um Dich für Dein ungalantes Wesen zu
strafen und Onkel giftig zu sehen — (als ver-
nünftigen, ruhigen alten Herrn finde ich ihn
zum Sterben langweilig), meine beiden jüngsten
Courmacher nach Deines Vaters Schlosse einzu-
laden. Sie werden um so eher kommen, als es
mir schien, daß eine geheime Mission der eigent-

liche Zweck ihrer Untersuchungsreise nach Europa
ist. Bist Du dann erst unter uns, mault der
Onkel und kopfwackelt Barbara, die haarlose
Trösterin mit den erlöschenden Eulenaugen, so
stellen wir zusammen das ganze Schloß auf den
Kopf, daß den ehrenwerthen Einwohnern von
Ober= und Unter=Rense Hören und Sehen ver=
geht ...

„Ist Dir der Name Moosdörfer bekannt,
Vetter Horatio? Ich nehme es an, denn die
garnbleichenden Ahnherren dieses bürgerlichen
Geschlechts sollen nicht weit von den Baronen
Alteneck angesessen sein. Einen Sproß desselben
habe ich in Ostende kennen gelernt und Freund=
schaft mit ihm geschlossen. Er ist der einzige
Mann von Allen, die ich auf meiner thörichten
Lebensbahn kennen lernte, vor dem ich aufrichtig
Respect habe ... Gieb Acht, Vetter, ich will ihn
Dir beschreiben! Mittelgroße Gestalt, kleine,
etwas zu breite Füße, wohlgeformte Beine, die
ein rundliches Prälatenbäuchlein würdig tragen.
Auf breiten Schultern erhebt sich ein Kopf, des=
sen hoch gewölbte Stirn ein ganzes Königreich
von Gedanken in sich schließen kann. Ich sage:
kann, denn ob es in Wahrheit so ist, konnte ich
trotz meines Forschens und Fühlens nicht ermit=

teln. Zur Zeit bekleidet Aloysius Moosdörfer
das Amt eines Kanonikus, residirt für gewöhn=
lich in Leitmeritz, macht aber häufig Rundreisen,
und ist, wie man dem freundlichen Manne, der
immer sanft aussieht, schon anmerken kann, in
alle Sättel gerecht. Wozu ihn das Capitel
eigentlich verwendet, möchte ich wohl wissen...
Ich habe eine gewisse Scheu vor ihm, obwohl ich
ihn achten muß. Geistlich spricht und lebt er
aber nicht, und das gerade hat ihn mir interes=
sant und werth gemacht... Kannst Du's glau=
ben, Vetter, zuerst traf ich den Kanonikus am
Roulette. Er spielte lächelnd, mit olympischer
Ruhe, verlor mit Anstand ein nettes Sümmchen,
erheiterte rechts und links seine Nachbarn durch
einige witzige Bemerkungen, die er dazwischen
warf und die ihm Niemand übel nahm, obwohl
beim Spiel alles laute Sprechen verboten ist,
und gab sich in jeder Hinsicht als ein Mann,
welcher die Welt von Grund aus kennt und sie
gerade so, wie sie ist, am genießbarsten findet.
Seitdem trafen wir uns häufig, und da Mama
gnädig Ja nickte, schlossen wir Freundschaft.
Kanonikus Moosdörfer hat mir versprochen,
mich auf Vork zu besuchen, sobald sein Beruf
ihn in diese Gegend führt. Sein Beruf?

Worin mag der wohl bestehen? Mich dünkt, im Spioniren!..

„Doch was geht mich das Treiben anderer Leute an! Mit wem ich mich amusire, der ist mir recht, der ist mein Freund, und wäre er ein Ausbund von Schlechtigkeit! Die sogenannten ehrlichen Leute sind doch alle ungenießbar!..

„Originelle Einfälle hat Kanonikus Moosdörfer auch, und läßt man ihn gewähren, so wird er freigebig, und man kann bei einiger Klugheit recht hübsch von ihm zu Neste tragen. Ich überreichte ihm mein Stammbuch vor der Abreise und bat um einen Denkspruch. Taubensanft blickte er mich an, drückte mir die Hand und sagte: „Gern, verehrte Comtesse! Sie erlauben doch, daß ich mich eine Nacht hindurch auf einen passenden Spruch besinne?" Wer hätte solche Bitte, von solchem Munde kommend, nicht gewähren sollen!.. Der Kanonikus besann sich aber drei Nächte lang, ehe er mir das Album zurückgab. Und was stand darin? Ich will es Dir nicht vorenthalten, damit Du siehst, daß die Weltweisheit noch nicht ganz ausgestorben ist. Der freundliche Mann Gottes oder der Kirche — wähle, was Dir am besten gefällt — hatte mir einen Wochenkalender hineingezeichnet, und zwar ganz niedlich, und zu jedem einzelnen Tage ein kurzes Gebot geschrieben. Dies sein Wochen= gebot lautet für mich, wie folgt:

Sonntag: Sei demüthig!

Montag: Gedenke des Sonntags!

Dienstag: Weltdienst macht klug.

Mittwoch: Der Kluge bleibt immer wach.

Donnerstag: So Du wachest, meidest Du das Böse.

Freitag: Selbsterkenntniß bringet Gott näher.

Samstag: Gottes Nähe ist Ahnung der Seligkeit.

Wie gefallen Dir diese kurzen Gedenksprüche, Vetter? Mir, die ich am liebsten die Stunde un= besehen vergeude, mir haben sie imponirt, denn ich ward durch die Wahrheit, die sich in ihnen verbirgt, gerührt. Dennoch bin ich schon jetzt fest überzeugt, daß der Wochenkalender des Ka= nonikus mir niemals Wegweiser durch's Leben sein wird... Du fragst: warum? So höre, was mich daran verhindert: ich hasse alle Regel, alle Gesetze! Will mich Jemand für die Welt oder für den Himmel erziehen — und Beides läuft wohl ungefähr auf Eins hinaus — so muß er's regellos, sprung= und flugweise thun... Ein wackerer, lieber Mann aber ist Kanonikus

Moosdörfer doch, und jedenfalls zehnmal liebens=
würdiger und klüger als mein schreibfauler
Cousin. Auf lustiges Wiedersehen in Alteneck!
Maximiliane."

Horatio legte dieses Schreiben der ausgelas=
senen Cousine in seine Briefmappe, dachte über
das Gelesene eine Weile nach und öffnete dann
den Brief des Vaters, der älteren Datums war.
Baron von Alteneck schrieb:

„Lieber Sohn!

„Es hat den Anschein, als sollte ich keinen
recht frohen Tag mehr erleben. Sonst glückte
mir Alles, ich mochte unternehmen, was ich
wollte; jetzt ist's gerade umgekehrt. Das Ein=
fachste verwickelt sich, Heiteres verwandelt sich in
Trübes, Freude gebiert Leid und Trübsal...
Ich selbst komme mir schon seit längerer Zeit
wie verwandelt oder wie ausgewechselt vor, und
wüßte ich als freisinniger Mann nicht, daß es
Unsinn ist, an eine übernatürliche böse Macht zu
glauben, die Gewalt über uns gewinnen kann,
ich könnte wahrhaftig manchmal versucht werden,
anzunehmen, der Teufel schleiche Stricke legend
und Unheil stiftend unablässig um Alles, was
mein ist, oder mit mir in Verbindung steht.

Selbst um Dich wird mir bange, denn da Du
Fleisch bist von meinem Fleisch, habe ich Ursache
zu fürchten, daß die vielen Calamitäten, die mir
den Humor verderben, auch Dir die glücklichsten
Stunden der Jugend vergiften können.

„Im Spätherbst vorigen Jahres brannte
Ober-Rense, wie Du Dich erinnern wirst, ab.
Du kennst die Gerüchte, die bald darauf in der
Gegend umliefen, die ich aber absichtlich ignorirte.
Da lagern sich vor einigen Wochen angebliche
Auswanderer auf meinem Grund und Boden
und belästigen, wie das bei diesen elenden Sub=
jecten herkömmlich ist, durch zudringliches Bet=
teln die Eingesessenen. Das kommt meinem
Amtsschreiber zu Ohren, der denn, wie sich's
auch gebührt, nicht faul ist und dem unsaubern
Gelichter auf den Zahn fühlt. Nun denke Dir
meinen Schreck, als der wackere, gewissenhafte
Mann plötzlich mit einem Actenbündel und einer
entsetzlichen ernsthaften Amtsmiene vor mich hin=
tritt und mir mit dürren Worten die Anzeige
macht: der Schuft sei entdeckt, welcher damals
den Hof in Ober-Rense angezündet habe! Stante
pede verlangt der Mann, ich solle den Schuldi=
gen sogleich verhaften lassen und ihn zu weiterer
Untersuchung dem Kreisgericht überliefern!

„Nicht ohne Widerstreben ging ich, weil mich die Indicien dazu zwangen, auf das Ansinnen des Amtsschreibers ein, doch erst dann, als der Bezeichnete sich durch sein merkwürdiges Beneh= men selbst so auffallend verdächtig machte, daß ich von seiner Schuld überzeugt ward. Die Ver= gangenheit dieses gefährlichen Menschen befähigt ihn zu dem Verbrechen. Es ist Caspar Spät, der Tischler, der mir schon mehrmals einen Pos= sen gespielt hat, und der mich aus bewußten Gründen haßt wie die Sünde, deren Knecht er nun geworden ist. Seit vierzehn Tagen sitzt der Kerl in strenger Haft, ist aber natürlich verstockt und läugnet mit frecher Stirn Alles, obwohl die Aussagen derer, die Zeugen seines Handelns waren, ihn der That überführen, ja ihn sogar zu dem Geständniß zwingen, er sei um die an= gegebene Zeit just dagewesen, wo die Auswan= derer ihn gesehen und gesprochen zu haben be= haupten. Bei der Confrontation hat er sie als dieselben Personen wieder erkannt, mit denen er sich nach Ausbruch des Feuers über dasselbe un= terhielt, zu Weiterem aber will er sich nicht ver= stehen. Helfen wird dem verschlagenen Schalke freilich sein Läugnen nicht viel; alle Welt hält Spät für den Mordbrenner, und nach den Aeuße=

rungen, die er kurz vor der Brandnacht über
mich gethan, darf man sich zu ihm auch der That
versehen.

„Mir wär' es lieber, die ganze Geschichte
hätte sich im Sande verlaufen, denn ich habe
nur Schaden und üble Nachrede davon. Die
Frau des rachsüchtigen Menschen, der mir es
nicht vergeben kann, daß ich um seine Schlechtig=
keiten weiß, erinnert sich jetzt auf einmal, daß
ich ihr Wohlthaten erwiesen habe, und will durch
ihr Händeringen und Heulen mit aller Gewalt
mein Herz erweichen. Aber ich hüte mich wohl,
sie vor mich zu lassen, eingedenk der Drohungen,
mit denen ihr verbrecherischer Herr Gemahl mich
ehedem beehrte. Wenn sie mir nur nicht etwa
ihren Schreihals vor die Thür legt, das Pfand
ihrer Liebe, von welcher die undankbare Person
gegenwärtig wohl nichts mehr wissen wird…
Uebrigens kennt der Haß und die Rachsucht dieses
Spät gar keine Grenzen. Noch Tags vor seiner
Verhaftung, die er voraussehen konnte — denn
ich war so gutherzig, um ihm die Schmach offener
Abführung zu ersparen, ihn höflich nach Alteneck
zu entbieten, wo sich das Weitere ohne Geräusch
und Aufsehen hätte anordnen lassen — hat der
abscheuliche Mensch eine Holzpuppe an sein Schöpf=

rab gestellt, die offenbar eine Carricatur von mir
vorstellen soll. Latte sah ihn daran schnitzen,
als er ihm meine Vorladung überbrachte. Natürlich lachte ich über diese kindische Rache, obwohl ich durch den das Schöpfrad drehenden
Hampelmann gewissermaßen vor aller Welt an
den Pranger gestellt werde, der elende Mensch
aber hat seine Sache damit nur noch schlimmer
gemacht...

„Welch' Ende nun auch schließlich dieser fatale
Handel nehmen mag, mir und meinem Geschlecht
wird er kaum Vortheil bringen. Jedenfalls hast
Du dereinst darunter zu leiden. Also abermals
ein Eindruck der Teufelsklaue, dessen Spuren so
ganz unerwartet auf meinem Lebenswege sichtbar
werden!... Ich mache Dich darauf aufmerksam,
mein Sohn, damit Du bei Zeiten recht vorsichtig
wirst. Es fehlt uns wie allen Bevorzugten —
dem Grafen von Rothstein, meinem erprobten
Freunde, ergeht es fast noch schlimmer — nicht
an offenen und versteckten Gegnern, und vor
diesen müssen wir stets auf der Hut sein. Der
gefährlichste von allen ist Caspar Spät's Intimus,
Joachim Helfer, der Sohn des pensionirten Schulmeisters von Hohenrothstein. Was dieser thun
kann, um alle Höllenhunde mir auf den Hals

zu hetzen, versucht er gewiß, auch auf die Gefahr hin, daß er selbst den Hals dabei bricht. Glücklicherweise bin ich im Besitz eines Mittels, das den Wüthenden bändigen wird, sollte er sich gelüsten lassen, über das Maß des Erlaubten hinauszugehen. Ich spreche nicht weiter davon, um seine Kraft nicht abzuschwächen. Erst im Fall der Noth soll der Tollkopf damit zur Raison gebracht werden.

„Graf Rothstein, der mir in meinem Leid treu zur Seite steht, freut sich, Dich zu sehen. Er ist auch nicht mehr ganz der Alte. Die Jahre machen sich bei ihm wie bei mir geltend, und der Feldzug von 1812 steckt ihm noch heute in den Gliedern. Gelebt hat man freilich auch, was wir indeß nicht bereuen wollen. Eine Jugend, die allzu solid und tugendhaft auftritt, muß jedem gesunden Menschen anwidern. Betbrüder können wir immer noch werden, wenn alle Sinne stumpf geworden sind. Die beste Regel, um die Freuden dieser Welt mit Nutzen zu genießen, heißt: Lebe und genieße so, daß Du nichts zu bereuen hast! Ich wünsche, daß auch Du diese Regel Dir einprägst und immer danach handelst. Bei einiger Klugheit im Prüfen und Wählen kommt man dabei niemals zu kurz.

„Maximiliane wird uns wahrscheinlich schon demnächst überrumpeln. Sie war erst in Ostende, später in Scheveningen. Aus dem Harz hat sie mir eine ihrer halbtollen Episteln geschickt. Trifft sie Dich dann nicht, so steckt sie ganz Alteneck in Brand. Richte Dich also so ein, daß Du kommen kannst, wenn ich Dich rufe. Zu anhaltendes Studiren möchte ich Dir überhaupt nicht anrathen; es verträgt sich schlecht mit denjenigen Eigenschaften, welche dem Edelmann ein so großes Uebergewicht über Bürgerliche geben. Köpfe mit vielem, meist unnützem Wissen vollgepfropft, beugen sich leicht zu tief, und das würde ich an dem Erben meines Namens und meiner Güter unerträglich finden. Ueberlasse das den Bauern und ihren Söhnen, und mische Dich überhaupt nicht zu sehr unter das sogenannte Volk!.. Ich habe eine geheime Scheu vor diesem vieltausendköpfigen Ungeheuer, das uns seit den Julitagen von Anno Dreißig, welche die Welt sogar mit der Fratze eines Bürgerkönigs beschenkt haben, fortwährend die von grober Hausmannskost scharf geschliffenen Zähne weist. Abermals ein Punkt, der die Gestalt einer Teufelsklaue annehmen kann!... Also sei vorsichtig, wählerisch in Deinem Umgange und klug in Deinen Aeußerungen! Das

Allerheiligste Deiner Gedankenwelt muß Aller
Augen verborgen bleiben...

„Letzthin hat Barbara wiederholt nach Dir
gefragt, voll sonderbarer Theilnahme, wie es mir
scheinen wollte, was mich etwas stutzig machte;
denn in früheren Jahren warst Du nicht eben
ihr Liebling. Sie hatte immer an Dir auszusetzen, daß Du Deiner Mutter zu ähnlich sähest...
Verrückte Marotte!.. Soll ich ehrlich sein, lieber
Sohn, so muß ich offen gestehen, daß mir die
Alte seit einiger Zeit sehr lästig wird. Unfreundlich
mag ich sie nicht behandeln, und sie geradezu fort-
zuschicken, was vielleicht das Klügste wäre, hält
mich ein schwaches Gefühl der Dankbarkeit ab,
die ich in gewissem Sinne der unbedeutenden
Person schuldig bin... Wenn sie sich nur das
unnütze Schwatzen abgewöhnen wollte!.. Ihr
Geschwätz macht mich so verdrießlich, daß ich
heftig werden kann und nicht ganz sicher vor einer
Thorheit bin... Sucht Barbara Dich auf, so
halte ihr Stand, höre ihr ruhig zu, glaube ihr
aber nichts!.. Du hast eine Unzurechnungsfähige
vor Dir, die zu sehr natürlicher Mensch geblieben
ist, um mit Worten ihre Lüste todt schlagen zu
können. Später sprechen wir mehr darüber...
Es wäre äußerst fatal, wenn die alte Närrin

aus einer Träumerin eine Wahnsinnige würde.
In diesem Falle müßte ich sie ihrer selbst willen,
und damit sie Andere nicht schädigen könnte, in
sichere Räumlichkeiten unterbringen...

„Neulich hatte ich das Vergnügen, den reichen
Bleicher Moosdörfer aus Schönlinde auf Rothstein
zu sehen und zu sprechen. Wie dieser bürgerliche
Kauz, der übrigens niederträchtig klug ist, sich
unter uns Anderen ausnahm, kann ich gar nicht
sagen. Es war spaßhaft, lächerlich, und doch
mußte man sich ärgern!.. Keine Spur von wirk=
licher Lebensart, jeder Zoll an dem rundbäuchigen,
fetten Kerl ein Bleicherknecht! Eins nur versteht
dieser unerschöpfliche Geldsack, die Kunst, die
seltensten Weine gleich seidelweise zu probiren,
wobei er sanft lächelnd und sich die Lippen leckend
salbungsvoll spricht wie ein Priester und keinen
Augenblick seinen Vortheil außer Acht läßt. Es
hat dem guten Rothstein Mühe genug gekostet,
ehe dieser lächelnde Teufel breitgeschlagen war...
Für Revanche haben wir aber doch Sorge ge=
tragen."

Horatio war bei der Lectüre dieses langen
Schreibens, dem Baron von Alteneck nicht einmal
seinen Namen beigefügt hatte, sehr ernst geworden.
Das Lächeln, welches anfangs auf seiner Lippe

8*

schwebte, verlor sich allgemach und machte zuletzt
einem beinahe finstern Gesichtsausdrucke Platz.
Er schob den Brief wieder in das Couvert und
stellte einen Briefbeschwerer in Gestalt eines
fliehenden Rehes, von Hunden gehetzt, darauf.
Zu dieser Erzfigur kehrten Horatio's Blicke immer
wieder zurück, wenn er auf und nieder gehend
den Tisch streifte. Die bittende Else, die Frau
des Tischlers Spät, welche sein Vater nicht sehen
und sprechen wollte, und die Gestalt der alten
Barbara drängten sich immer von Neuem in den
Gesichtskreis seines geistigen Auges. Daß Caspar
Spät den Hof in Ober=Rense angezündet haben
sollte, konnte Horatio nicht glauben... Er kannte
den Mann auch, und er wußte, daß sein größter
Fehler in einem unbeugsamen Sinn, einer rauhen
Ehrlichkeit bestand, welche die Worte, wie man
im gemeinen Leben zu sagen pflegt, nicht auf
die Goldwage legte.

Geraume Zeit war der junge Mann un=
schlüssig, was er thun solle, um für den Ge=
fangenen zu wirken, ohne seinen Vater zu be=
leidigen. War dies überhaupt möglich, so konnte
es nur heimlich und auf Umwegen geschehen.
Auch durfte Caspar Spät nicht erfahren, wer die
Triebfeder in Bewegung setzte, die ihm vielleicht

eines Tages die Thür des Kerkers öffnete...
Auch Barbara machte Horatio Sorge, nicht, weil
er sich vor ihrem Geschwätz fürchtete, sondern weil
die Andeutungen seines Vaters ihn ahnen ließen,
daß er der alten Beschließerin zürne.

„Freund Antonius muß helfen!" sagte er
endlich entschlossen zu sich selbst, „nicht obgleich,
sondern weil er Bauer von Geburt ist!.. Er
steht mit Leuten in Verbindung, die auf Joa=
chim oder dessen Vater influiren können, und er=
fahren die Freunde des Eingekerkerten erst die
ganze Wahrheit, die sie jetzt schwerlich schon ken=
nen, so rühren sie auch wacker die Hände...
Des Vaters Brief enthält nichts, was Antonius
nicht erfahren dürfte... Ueber manchen Passus
wird er die Achseln zucken, über andere vielleicht
hell auflachen. Gewiß aber läßt er mich nicht
im Stiche, und das allein ist's, was ich wünsche."

Den Brief des Vaters zu sich steckend und
die Mappe mit dem muntern Schreiben seiner
Cousine Maximiliane von Allgramm verschließend,
verließ er seine Wohnung, um den Freund auf=
zusuchen und dessen Rath zu hören.

8.
Bei der Feengruft.

Schloß Rothstein lag auf einem breiten
felsigen Hügelrücken, der gegen Norden schroff
in das Flußthal abfiel, an dem entlang die Häuser
des weitläufig gebauten volkreichen Ortes Hohen-
rothstein fortzogen. Jenseit des Thales, ebenfalls in nördlicher Richtung, gewahrte man einen
Hügel von auffallend runder Form, den kein
Baum oder Strauch schmückte. Auf dem Gipfel
dieses Hügels ragten aus unbedeutender Ver-
tiefung fünf riesige Steine empor, die so gegen
einander gestellt waren, daß sie eine nach Norden
und Süden zugängliche Grotte bildeten. Ohne
Zweifel rührten diese Steine aus früheren Jahr-
hunderten her und hatten wahrscheinlich den da-
maligen Bewohnern der Gegend als Opferstätte

gedient. Der Volksmund nannte den Hügel die
Heidenlehne und die Steingrotte die Feengruft.
Alte Leute mieden den Ort großentheils, an den
sich allerhand dunkle Sagen knüpften, oder be=
traten ihn wenigstens niemals des Nachts. Das
jüngere Geschlecht war kecker und weniger aber=
gläubig. Es benutzte die ziemlich tiefe Grotte
zu geselligen Spielen und nicht selten zu aller=
hand Schabernack, um Aengstliche und Furchtsame
zu necken. Nur wenn Lotto=Clemens, der stein=
alte, eisenharte Schäfer von Rothstein, sein
Quartier in der Feengruft aufschlug, zog die
schelmische Jugend ab und überließ dem alten
Manne Höhle und Hügel ganz allein.

Clemens war ein im höchsten Grade ange=
sehener Mann bei Alt und Jung. Vornehme
kümmerten sich weniger um ihn; es fiel aber
auch dem stolzesten Adeligen nicht ein, den Schäfer
zu beleidigen, der eine gleichsam gefeite Per=
son war.

Ehrwürdig durch sein Alter, besaß Clemens
durch sein Wissen, das alle Familien= und Orts=
ereignisse der Herrschaften Rothstein und Alteneck
umfaßte, eine große Macht über die Menge und
machte, wenn sich dazu Gelegenheit bot, auch Ge=
brauch davon. Im Allgemeinen war Clemens

beliebt und geachtet; Wenige nur fürchteten ihn, und diese mieden ihn eher, als daß sie ihn suchten.

Der alte Schäfer hatte verschiedene Liebhabe= reien, die ihn schon in der Jugend beschäftigten und unterhielten, und denen er jetzt im Alter noch nicht entsagen mochte. Er war der erste, wo nicht der alleinige Mensch gewesen, der schon vor mehr als fünfzig Jahren in der locker ge= schichteten Erde der Heidenlehne irdene Geschirre von eigenthümlicher Form entdeckt, ausgegraben und in seiner niedrigen Hütte sorgfältig aufbe= wahrt hatte. Er that sehr geheim mit diesen Funden und zeigte sie nur wenigen Vertrauten. Die Ahnung, es könnten durch Zufall heilige Gefäße heidnischer Vorfahren, von denen er doch auch abstammen mußte, in seine Hände gefallen sein, flößte ihm einen gewissen Respect vor den= selben ein, der noch erhöht ward durch räthsel= hafte Zeichen, die er bei genauerer Betrachtung darauf entdeckte, und in denen er zuletzt Zahlen erblicken wollte.

Diese letzte Entdeckung ward für den Schäfer selbst wie für Andere wichtig, denn sie brachte ihm den Ruf eines Sehers ein. Seine Be= schäftigung ließ ihm nämlich viel freie Zeit, die er größtentheils zum Stricken von Fischernetzen

benutzte, worin er große Uebung besaß, und für
welche er stets Abnehmer fand. Strümpfe zu
stricken, womit wohl andere Schäfer sich die Zeit
verkürzten, hatte Clemens nie versucht. Er hielt
das für eine weibische Beschäftigung, zu der ein
Mann nur im Augenblick der Noth greifen dürfe.
Waren ihm nun die Hände von langem Schürzen
der Netze müde geworden, dann durchsuchte er
die lockeren Stellen der Heidenlehne nach ver=
borgenen Geräthschaften der Vorzeit, wobei er
sich nur seines langen Stabes bediente, oder er
spielte mit sich selbst zu bloßem Zeitvertreib, wie
er es nannte, Lotto, ohne wirklichen Gewinn oder
Verlust zu haben. Dieses Spiel war des Schäfers
eigene Erfindung und bestand darin, daß er drei
große Würfel in das größte der irdenen Gefäße
rollen ließ, welche die Erde der Heidenlehne ihm
geliefert hatte. Entsprach die geworfene Zahl
der Ziffer, welche die von dem Schäfer für Zahlen
gehaltenen Charaktere des Gefäßes auf Rand und
Boden desselben, wohin die Würfel gefallen wa=
ren, zeigten, so galt solche Uebereinstimmung dem
Schäfer für einen Glückswurf.

Abergläubige Menschen giebt es überall und
unter allen Ständen. Das geheimnißvolle Würfel=
spiel des Schäfers in der noch geheimnißvolleren

heidnischen Opferschale blieb nicht lange unbe=
kannt. Auf die Phantasie der Umwohner, ins=
besondere der Frauen, übte es einen großen Reiz,
und als Clemens selbst zugab, daß er durch sein
Spiel einen Gewinn im Lotto gemacht habe, in=
dem er die Zahl seines glücklichen Wurfes setzte,
begehrten Viele, er solle für sie werfen, damit
sie Glück im Spiele hätten.

Clemens war eine zu gutmüthige und harm=
lose Natur, um solche Bittende barsch von sich
zu weisen. Er that also, was sie wünschten,
und — sonderbar genug — ein Glückswurf in
seiner Opferschale ging selten ohne Treffer im
Lotto aus. Seitdem kannte den glücklich wür=
felnden Schäfer, dem die Meisten übernatürliche
Kräfte zuschrieben, Jedermann weit und breit
unter dem Namen Lotto=Clemens.

Eines Nachmittags, eine Stunde vor Sonnen=
untergang, saß dieser vielgesuchte Mann am Ein=
gange der Feengruft, die ihm zum Lagerplatz
seines Netzevorrathes diente, wie gewöhnlich, so
lange er keine Ermüdung fühlte, die hölzerne
Filetnadel fleißig handhabend. Zwischen seinen
Füßen lag sein großer zottiger Hund, der auf
den Namen „Flink“ hörte, ein schönes Thier
mit langen schwarzen Hängeohren und zwei rost=

braunen Flecken über den klug in die Welt blicken=
den Augen. Obwohl Flink' sich kaum rührte,
überwachte er doch mit scharfem Blick die große
Heerde prächtiger Negrettischafe, die um den brei=
ten Fuß der Heidenlehne weidete. Clemens trug
kurze Gamaschen von schwarzer Schafwolle, die
nur bis an die halbe Wade reichten und den
groben, mit unzähligen Nägeln beschlagenen Schuh
umschlossen. Grauwollene Strümpfe bedeckten
ihm das Knie und den unteren Schenkel noch über
dem bronzefarbenen Manchesterbeinkleide. Ein
schmaler Lederriemen mit Schnallen befestigte die
Strümpfe zwei Hände breit über dem Knie.
Seine übrige Kleidung bestand aus einem blau=
tuchenen sogenannten „Brustlatz", eine weite, den
halben Leib bedeckende, bis unter das Kinn zu=
geknöpfte Weste, die mit ihren blanken gulden=
großen Messingknöpfen gar stattlich aussah, und
einem darüber gezogenen bequemen Schafspelz,
der an den Achseln, den Ellbogen, am meisten
aber auf dem Rücken mit feinem Lederbesatz ver=
ziert war. Das starke graue Haar trug er lang
und unbedeckt; damit es ihn aber nicht genire,
strich er es mittelst eines halbrunden Kammes von
gewöhnlichem grauen Horn zurück in den Nacken.
Wind und Sonne hatten das Gesicht des

Schäfers stark gebräunt, das Alter tiefe Fal=
ten in seine Stirn gegraben, nur die Seh=
kraft seiner mattgrauen Augen hatten die Jahre
eben so wenig geschwächt wie sein Gehör. Letz=
teres schien sogar mit dem zunehmenden Alter
immer schärfer zu werden.

„Paß auf, Flink!" rief Clemens seinem
ruhenden Hunde zu, indem er selbst den Kopf
hoch und scharf ausblickte nach Westen, wo der
Horizont von schön geformten Bergen verschie=
dener Höhe begrenzt war. Flink sprang auf die
Füße, lauschte, wedelte mit dem Schweife, bellte
aber nicht.

„Sag' an, Flink, wer schreitet die Lehne
herauf?" fuhr der Schäfer fort, das halbfertige
Netz über dem Schooße ausbreitend. „Ist's ein
Freund oder ein Fremder?.. Leute, die uns nicht
leiden mögen, verirren sich nicht auf die Heiden=
lehne."

Der Hund bewegte seinen Schweif noch stärker
und ließ ein gemüthlich klingendes Knurren
hören.

„Schön," sprach Clemens, „dann wollen wir
Beide uns nicht weiter stören lassen."

Flink nahm sogleich seinen alten Platz zwischen
den Füßen des Schäfers wieder ein, und dieser

strickte emsig fort an seinem Netze. Nach wenigen Secunden vernahm Clemens einen schlei-
fenden Schritt von der Nordseite der Grotte her,
und als er den Kopf zur Seite wandte, erblickte
er eine Frau in dunkler Gewandung, die er sogleich an der eigenthümlichen Form ihrer Haube
erkannte. Es war Barbara, die Beschließerin
von Alteneck. Sie blieb in geringer Entfernung
von dem Eingang zur Feengruft stehen, sah den
Schäfer fragend an und grüßte ihn dann durch
ein kurzes, nicht eben freundliches Kopfnicken.

Der Schäfer ließ sein Auge eine kleine Weile
auf den bleichen Zügen der früh gealterten Frau
ruhen und forderte sie dann auf, näher zu
treten.

„Du bist unzufrieden, Barbara, und willst
Jemand verklagen," sagte er. „Ich weiß auch,
wer Dich unzufrieden macht, kann Dir aber nicht
helfen. Du liegst genau so, wie Du Dich ge-
bettet hast! Oder bist Du vielleicht gar außer
Brod?"

Barbara setzte sich zur Seite des Schäfers
auf einen bemoosten Stein und blickte über das
Flußthal nach dem Gebirgszuge. Aus der nebligen Atmosphäre konnte man in der Ferne die
beiden Thürme von Alteneck erkennen.

„Clemens," hob sie mit matter Stimme an, „wir kennen uns seit dem Tage, wo ich bei den Herrn Baron in Condition trat. Damals warst Du noch nicht alt, ich aber war sehr jung. Wer jung ist, will das Leben genießen und glücklich werden. Das war auch mein Streben. Bin ich schlecht, weil ich mich verrechnet habe?"

„Willst Du das von mir wissen?" entgegnete der Schäfer und nahm seine Arbeit wieder auf, die er bei Barbara's Anrede hatte ruhen lassen. „Es ist unnöthig, daß Du mich fragst, denn meine Antwort würde heute nicht anders lauten, als vor so und so viel Jahren. Ist sie Dir im Gedächtniß hängen geblieben?"

Barbara nickte bejahend mit dem Kopfe und blickte finster in die neblige Ferne.

„Welche Antwort gab ich damals auf Deine Frage?" fuhr Clemens fort.

„Eine so kurze und lieblose, daß ich Dir miß=trauen mußte," erwiderte Barbara. „Du nanntest den Baron einen Gesellen des Satan."

„Hab' ich gelogen?"

Barbara verneinte.

„Und wofür hältst Du den Baron jetzt?"

„Für..." Sie preßte die Rechte gewaltsam gegen die Brust und legte sich mit Absicht Schwei=

gen auf. „Nein," fuhr fie dann fort, „ver=
dammen will ich ihn nicht. Dazu bin ich felbft
zu tief gefunken, denn ich nahm ihn mir zum
Mufter und wandelte mit ihm gleiche Wege.
Du haft es mir nicht nachgetragen, Clemens,
daß ich klüger fein wollte, als Du und mancher
Andere, der mir wohl wollte; Du machteft mir
fogar, als es fchon zu fpät war, ein großmüthiges
Anerbieten, das ich in meiner Kurzfichtigkeit nicht
zu würdigen verftand."

Der Schäfer verneinte durch eine abwehrende
Handbewegung.

„Ich denke nicht mehr dran und wünfche,
daß auch Du es vergißt," fagte er. „Von der
Vergangenheit können wir wohl lernen, Troft
für bekümmerte Herzen gewährt fie aber felten.
Laß uns alfo lieber von der Gegenwart fprechen...
Du willft mir eine Nachricht bringen oder etwas
von mir wiffen?"

„Beides, Clemens... Hubert bleibt verfchwun=
den, und der Baron hält fein Wort noch heute
nicht. Was foll ich thun, daß ich ihn dazu
zwinge?"

„Nichts, gar nichts, Barbara!" verfetzte der
Schäfer. „Sein Gewiffen muß ihn gefchmeidig
machen, und das wird ihn beunruhigen, ihm die

Nächte vergiften und die Tage verfinstern, ehe das nächste Jahr vergeht!"

„Seit ich ihn dränge, haßt er mich, und wenn der Baron haßt, ist er gefährlich," sagte Barbara. „Das hat die verstorbene gnädige Frau erfahren. Sie würde heute noch leben, wäre sie nicht nach Alteneck gekommen..."

Clemens ließ ein schrilles Pfeifen hören, was den Hund in schnellem Laufe der weidenden Heerde zutrieb, die sich am Fuße der Heidenlehne in mehrere Gruppen getheilt hatte.

„Die selige Frau war auch Deine Feindin, Barbara, und Du gönntest ihr den Kummer, der sie verzehrte!.. Das ist die Sünde, die Dich jetzt drückt und die mich in ewige Einsamkeit verstieß. Aber genug davon! Ich will nicht Dein Richter, nicht Dein Peiniger sein, ich möchte es nur erleben, daß die Grundschlechten, die da wissen, daß sie schlecht sind, ihren Lohn auch noch auf Erden dafür bekommen... Wie geht's Else?"

„Traurig, Clemens, sehr traurig!... Es ist schrecklich anzusehen, wie der Baron sich weidet an dem Kummer und der Angst der unglücklichen Frau... Freilich, sie könnte von beiden bald befreit werden, wäre sie anders als sie ist."

Die Blicke des Schäfers begegneten denen Barbara's, und in beiden lag geheimes Einverständniß.

„Ich werde die Frau warnen," sagte Clemens nach kurzem Schweigen, „und meine Warnung wird Balsam sein für ihr Herz... Jede Frucht muß reif werden, ehe sie abfällt, das ist Naturgesetz, und für den Baron ist die Zeit der Reife nicht mehr fern... Es wird Alles kommen, wie ich es ihm sagte, ehe die gnädige Frau ihren jubelvollen Einzug auf Alteneck hielt. Damals lachte er mich aus, wie er ja Alles verlacht, was dem Recht und der Wahrheit dient. Sein Lachen wird ihm aber bezahlt werden, wie dem reichen Herrn in der Sage. Kennst Du die Geschichte?"

Barbara verneinte.

„Ich will sie Dir erzählen, denn sie ist kurz und erbaulich. Es lebte vor langer Zeit ein Mann, Namens Dietrich, der war fromm, konnte aber das Lachen nicht lassen, auch nicht, wenn er in der Kirche saß und ihm etwas vorkam oder einfiel, das ihm Spaß machte. Da sah er nun eines Tages unter der Predigt, daß der Teufel hinter dem Altare saß und die Namen der Schläfer auf eine Kuhhaut schrieb, sich dabei aber an die Wand stieß und einen Zahn ausbrach, als er die

Kuhhaut, die zum Aufschreiben aller Namen nicht zureichte, mit den Zähnen mehr auseinanderziehen wollte. Darüber lachte Herr Dietrich ganz unbändig, und geschehen war es um seine Frömmigkeit; er merkte das, weil die Sonnenstäubchen, die bis dahin seinen Rock getragen hatten, das nicht mehr thaten. Da ward er zornig und steckte aus Verdruß Brod in seinen Stiefel, also, daß er Gottes Gabe mit Füßen trat. Da holte ihn des Nachts ein Wagen ab und sauste mit ihm davon durch die Luft in die Wälder; der aber, welcher den Wagen lenkte, war derselbe, der hinter dem Altare die Namen der gedankenlosen Schläfer auf die Kuhhaut geschrieben hatte. So ward der fromme Herr Dietrich durch sein frevelhaftes Lachen ein Geselle des Satan und ist es noch bis auf diesen Tag!"

Barbara bewegte beistimmend das Haupt.

„Erginge es dem Baron wie dem Manne in der Sage, so geschähe ihm kein Unrecht," sagte sie nachdenklich. „Es ruht viel auf seiner Seele... Mich hat er bethört und verstoßen; unsern Sohn, seinen rechtmäßigen Erben, schickte er in die Verbannung, damit er umkäme — aber er lebt, Clemens, er lebt, mein Herz sagt es mir, — und die Gnädige, die nach mir kam, hat er gepeinigt

und durch mich, die ich immer seinen Willen
thun mußte, peinigen lassen, bis der Gram sie
tödtete... Seitdem flieht den Bösewicht die
Ruhe... Er kann nicht schlafen und nachtwandelt
häufig... Die todte Gnädige weckt ihn auf, —
ich hab's oft gehört, daß er zu ihr sprach. Am
Tage aber lebt er wüst in Saus und Braus,
um die Schrecken der Nacht zu vergessen."

„Störe ihn nicht," erwiderte der Schäfer,
„aber gieb wohl Acht auf alle seine Schritte!
Für Caspar Spät werde ich seiner Zeit einen
Schritt gehen; jetzt würde es nichts nützen, wenn
ich mich dazwischen steckte. Und nun tritt den
Rückweg an. Du mußt eine Stunde lang scharf
ausschreiten, wenn Du vor Finsterwerden in
Alteneck sein willst... Nächstens werde ich den
Organisten aushorchen. Er ist. immer am ge=
sprächigsten, wenn er bei Sonnenuntergang oder
vor dem Abendläuten sein Herz durch das Spiel
der Glasharmonika erquickt hat... Ist Hubert
noch am Leben, so werden wir dereinst auch
wieder von ihm hören..." Er pfiff abermals
dem Hunde, legte das Netz zusammen und stand
auf. Barbara folgte seinem Beispiel. Die
Heerde, von dem klugen Flink gejagt, trabte hin=
ter der Feengruft vorüber nach der andern Seite

der Heidenlehne, wo diese an Wiesen= und Acker=
land stieß, zwischen welchem mitteninne die große
Schäferei des Grafen von Rothstein lag. Dahin
wendete sich Lotto=Clemens mit Barbara, welche
denselben Weg gekommen war, und erst an den
Wiesen nach dem Flußthale abbiegen mußte, um
die Straße nach Alteneck einzuschlagen. Schloß
Rothstein, von goldenem Aether umflossen, stieg
majestätisch stolz aus dem nebligen Thale em=
por. Clemens deutete auf die goldflimmernden
Fensterreihen des weitläufigen Baues und sagte,
sich auf seinen Stab lehnend:

„Der da drüben wohnt, steht auch besser an=
geschrieben beim Teufel als bei unserm Herr=
gott, und wo Dein Herr hinfährt, wenn die Luft
auf Erden in eitel Dunst verfliegt, dahin wird
sein treuer Kumpan wohl auch hinsteuern...
Möchte drüben weder des Einen noch des Andern
Diener sein!"

Das Flußthal herauf scholl Glockengeläute.
Barbara bekreuzte sich und reichte dem Schäfer
die Hand zum Abschiede.

„Verlaß mich nicht, Clemens, wie ich Dich
verließ," sagte sie mit weicher Stimme. „Lebt
Hubert noch, und wird Spät und sein Weib ge=
rettet, so wird mir der Himmel wohl auch gnädig

sein und mir vergeben, daß ich der Stimme des
Herzens mehr Gewicht beilegte, als der Stimme
des Gewissens."

Clemens ließ die alte Beschließerin ohne
Antwort von sich. Auf seinen Stab gelehnt, sah
er ihr nach, bis ihre Gestalt in den Nebeln des
Thales untertauchte.

9.
Vater und Sohn.

Im äußersten Winkel des Parks von Alteneck lag eine Einsiedelei, deren Inneres ein allerliebst eingerichtetes Boudoir enthielt. Aus diesem führte eine geheime Thür in ein verborgen angelegtes Badehaus, das nur von oben Licht erhielt. Hinter diesem befand sich ein kleines Wäldchen, durch welches sich ein Fußpfad nach der untern Parkpforte schlängelte, durch die man unmittel= bar auf die Landstraße kam, welche der Park auf dieser Seite berührte.

Der Baron hatte in früheren Jahren auf die Erhaltung der Parkanlagen bedeutende Summen verwendet. Ungewöhnliche Kosten verursachten ihm namentlich die Wasserkünste, die eine ge= wisse Berühmtheit erlangt hatten, und die einige

Male im Jahre zur Unterhaltung des Publikums sprangen. Eine sogenannte Vexirgrotte, in wel= cher Nymphen lagerten, von 'Liebesgöttern be= lauscht, machte den Besuchern besonders viel Ver= gnügen, weil jeder Neugierige, sobald er sich den nicht eben meisterhaft gearbeiteten Statuen näherte, von allen Seiten mit Wasserstrahlen überschüttet ward. Seit dem Tode der Baronin aber ver= nachlässigte Alteneck den Park auffallend. Kaum die Gänge, Boskets und Grasplätze wurden noch dürftig gepflegt, die Wasserkünste geriethen ganz in's Stocken, und in der beliebten Vexirgrotte sah es wüst aus und unheimlich wie in einer Räuberhöhle. Nur das Innere der Einsiedelei mit dem daran stoßenden Badehause war und blieb in gutem Stande erhalten und wurde noch täglich besucht.

An diesen lieblichen Versteck knüpften sich für Barbara die süßesten und schrecklichsten Er= innerungen ihres Lebens. Sie hatte keine Freude daran; aber dennoch kam sie an keinem Tage eher zur Ruhe, als bis sie, und wär' es erst tief in der Nacht geschehen, die Eremitage betreten hatte. Weil dies nun regelmäßig geschah, und der Baron auf das stille Treiben seiner alten Beschließerin im Schlosse, wenn es ihn nur per=

sönlich nicht störte, wenig achtete, so behielt das Boudoir nebst dem eleganten Badezimmer stets ein wohnliches und behagliches Aussehen.

Es war schon sehr dunkel geworden, als Barbara wie ein Schatten durch die Pforte in den Park schlüpfte, das Wäldchen durchschritt und in dem Badehäuschen verschwand. Sie hielt sich indeß weder hier noch in der Eremitage auf, sondern ging rastlos weiter, indem sie die ihr wohlbekannten nächsten Wege zum Schlosse wählte.

Die ganze hintere Zimmerreihe des Parterregeschosses war hell erleuchtet, als sie den vollen Anblick der Rückseite des Schlosses mit der großen von Säulen getragenen Veranda bekam, zu der zwei Treppen führten. Dieser Anblick machte Barbara stutzen und veranlaßte sie, sich einige Fragen vorzulegen, ehe sie weiter ging. Drei Fälle nur waren ihrer Ansicht nach annehmbar, welche eine so große Lichtverschwendung, wenn nicht rechtfertigten, so doch erklärten.

„Adam hat entweder Besuch," murmelte sie, leise der östlichen Treppe der Veranda zuschreitend, „und will sich zeigen, oder die Furcht vor der Nacht besitzt ihn schon jetzt, oder endlich, er hält ein Gelag für sich allein, um sich für die Nacht

zu ermüden ... Ich werde ihn beobachten, und
wenn ich finde, daß er angreifbar ist, ihm mit
spitzen Worten scharf zu Leibe gehen. Rege ich
ihn zu sehr auf, so läßt er es doch nur den Wein=
flaschen entgelten.‟

Geschützt durch die Schatten der Pfeiler er=
reichte Barbara unbemerkt die Glasthür, welche
in den Gartensalon führte und deren Scheiben
nicht durch Gardinen, wie die übrigen Fenster,
verhüllt waren. Mit einem Blick konnte sie den
Salon und die beiden zunächst gelegenen Zimmer
übersehen mit Allem, was darin vorging. Er=
schrocken trat sie wieder zurück und nahm so vor=
sichtig Stellung hinter einer der Säulen, daß
sie den Ueberblick des Gartensalons behielt, selbst
aber nicht gesehen werden konnte. Ihre Annah=
men hatten die Beschließerin doch getäuscht. Baron
von Alteneck hatte allerdings Besuch; um sich zu
zeigen aber brannten die Wachskerzen auf den
Kron= und Wandleuchtern heute nicht.

„Der junge Herr ist da!‟ sagte sie und machte
verstohlen das Zeichen des Kreuzes. „Er ähnelt
der Gnädigen, daß man sich entsetzen kann!..
Nur eine Hand breit größer ist er, und die beiden
Erhebungen auf der Stirn hat er vom Vater!..
Was kann den Junker so plötzlich nach Alteneck

treiben?.. Der Besuch scheint den Baron nicht zu er=
heitern ... Ich werde mich auf's Horchen legen..."

Dicht an die Wand gedrückt, das Ohr an dem
Schalleiter der Salonthür, lauschte Barbara mit
angehaltenem Athem auf jeden Laut, der zu
ihr drang.

In der Mitte des Salons war, wie Baron
von Alteneck es gern sah, eine Tafel gedeckt, die
ein Uebermaß leckerer Speisen trug und Wein
in Fülle. Auf kleinen Ecktischen sah Barbara
ebenfalls Gläser und wenigstens immer eine volle
Flasche, und soweit die taghell erleuchteten Neben=
zimmer zu überblicken waren, konnte man auch
in diesen gedeckte Tische mit gleichen dem Genuß
dienenden Vorrichtungen bemerken. Ihre Lippen
krümmten sich unter verächtlichem Lächeln, und ihre
tief liegenden Augen erglühten in wildem Feuer.

„Er schwelgt in gewohnter Weise," sagte sie,
„und der Sohn muß zusehen, wie sein Vater den
Teufel um Frist bittet für seine verworfene Seele!..
Was sie einander wohl zu erzählen haben?.."

Adam von Alteneck, einen vollen Römer in
der Hand, kam jetzt der Salonthür näher. Er
hinkte stärker wie gewöhnlich, woraus Barbara
schloß, daß er sehr aufgeregt sei. Horatio hielt
gleichen Schritt mit dem Vater und hatte die

Hände auf den Rücken gelegt. Er trug seine Reit=
stiefeln mit Sporen und mußte mithin zu Pferde
angekommen sein. ·

„Es ist so gut wie erwiesen," sagte der Baron,
zwischen jedem halben Satze einige Tropfen Wein
schlürfend; „die beiden Landstreicher haben gesehen,
daß der Elende sich bückte und in einem Stroh=
bündel wühlte. Beim Fortgehen sah er sich mehr=
mals um, fing später an zu laufen und warf
sich an der Hecke nieder, hinter welcher der Karren
der fremden Bettler stand. Wenige Minuten
später schlug die helle Lohe aus der Seitenwand
der Scheuer. Da erhob sich der Schuft und ging
lachend in entgegengesetzter Richtung von dannen."

Barbara folgte den Wandelnden, die jetzt in's
Nebenzimmer traten, unverwandten Blicks, ver=
mochte aber leider nicht zu hören, ob Horatio eine Ge=
genäußerung laut werden ließ, und wie diese klang.

Der Baron ging zunächst nach dem Tische
und füllte sich von Neuem sein Glas. Horatio,
welchen der Vater zu gleichem Thun aufforderte,
schüttelte den Kopf und klirrte ungeduldig mit
den Sporen. Nach einem Umgange durch das
Zimmer kehrten Beide zurück in den Salon, wo
der Baron, immer das Glas in der Hand, dicht
am Fenster in einem Lehnsessel Platz nahm,

während Horatio ihm zur Seite mit gekreuzten Armen stehen blieb.

„Warum willst Du den Freund des Unglück= lichen nicht anhören?" fragte Horatio den Vater. „Es kann Dir doch nichts daran liegen, diesen an sich so unbedeutenden Menschen an den Galgen oder auf's Schaffot zu bringen, und Joachim Helfer ist mir von Allen, die ich sprach, als ein heller Kopf geschildert worden."

Barbara konnte das Gesicht des Barons nicht sehen, seine Stimme aber verrieth ihr, daß es von einem häßlichen Lächeln entstellt werden müsse.

„Weil ich den Kerl nicht in meinem Hause sehen mag," sagte er. „Er ist zu dreist, um Rücksichten zu nehmen, und zu heißblütig, um in den Schranken des Anstandes zu bleiben. Mit Leuten aber, die kaum Handschuhe tragen, wenn sie Gevatter stehen, gehe ich nicht gern um. Auch will ich ihm merken lassen, daß ich nicht gut auf ihn zu sprechen bin, seit er den Grafen so gröblich beleidigt hat."

„Trägst Du ihm das so lange nach?" warf Horatio ein. „Ich finde das nicht nobel, nicht großmüthig..."

„Ei was, Du verstehst mich nicht!" fuhr

Baron von Alteneck fort und schlürfte die letzten
Tropfen aus dem Römer. „Ich spreche von den
neuesten Flegeleien dieses Lümmels, von den In=
jurien, die er dem Grafen zu hören gab, als ihm
dieser erklärte, er könne seinem Bruder nachlau=
fen, wenn er nur die Schwester hier lasse, und
diese sich verpflichte, einige Jahre im Schlosse
Dienste zu nehmen."

„Würdest Du an des Grafen Stelle ein glei=
ches Ansinnen an den Sohn des alten Organisten
gestellt haben?" fragte Horatio.

„Bei meiner Ehre, das würde ich!" gab der
Baron zurück und erhob sich mit Hast aus dem
bequemen Stuhle. „Er hat das Recht, das Mäd=
chen als Dienerin zu fordern, denn das Unter=
thanenverhältniß aller Eingeborenen von Hohen=
rothstein zu dem Grafen ist ein solches, daß dem
gebietenden Herrn Jeder einige Jahre per=
sönlich dienen muß, wenn dieser ihn nicht frei
geben will. Die junge Helfer soll ein sehr
hübsches Mädchen sein, erzählte mir neulich Freund
Rothstein, um so mehr finde ich, daß er klug
handelt, wenn er seinem Rechte nichts vergiebt.
Wir Altenecker sind übler daran, da schon mein
Vater in einem unglücklichen Anfall unzeitiger
Humanität auf alle Vorrechte, die wir früher

besaßen, verzichtete. Für uns kommt die Reue
über solches Thun zu spät; die Rothsteiner waren
zäher und handelten klüger."

„Lebt Joachim's Schwester bei ihren Eltern?"
fragte Horatio, indem er dem Vater in das linke
Nebenzimmer des Gartensalons folgte, wo dieser
sich ein neues Glas füllte.

„Wäre das der Fall, so würde es schwer halten,
des schönen Kindes habhaft zu werden," entgegnete der Baron, der immer mittheilsamer und
heiterer ward. „Freund Rothstein traf sie im Aus-
lande und zwar in einem Dienstverhältnisse. Da
sie nun ohne zuvor von ihm eingeholte Erlaubniß dasselbe angetreten hat, so kann er sie ohne
Weiteres zurückfordern, damit sie ihm leiste, was
sie bei Anderen vorstellt. Graf von Rothstein ist
sehr nachsichtig, wenn er die mildeste Form dafür wählt und der hübschen Sünderin einen an-
gemessenen Wirkungskreis im Schlosse anweist...
Dem hochfahrenden Bruder ist das freilich nicht
genehm. Er speit, weil er längst über die Dienst-
jahre hinaus ist, Feuer und Flamme, und ist in
seiner Aufregung so weit gegangen, den Grafen
unedler Absichten zu bezichtigen... Nimm dies
Glas hier, Horatio, und leere es mit mir auf
das Wohl unseres alten Geschlechts!.. So, das

ist ritterlich!.. Ich sage Dir, lieber Sohn, wenn
man Jemand in's Gesicht sagen will, Du bist
schlecht, Du bist ein Schlemmer, ein Eidbrüchiger,
ein Verführer der Unschuld, ein lächelnder Teufel
in Menschengestalt, so muß man das auch be=
weisen können. Die bloße Absicht oder die Lust,
Jemand zu vernichten, zu verführen oder tobtzu=
schlagen, macht noch Niemand zum Verbrecher!
Mein Freund Rothstein aber ist ein alter Prak=
tikus und läßt sich bei einem ausgelassenen Streiche
niemals ertappen... Ich hoffe, mein Sohn, daß
Du in dieser Beziehung Dir an ihm stets ein
Beispiel nehmen wirst."

Der Baron sprach, von den Geistern des Weines
belebt, so laut, daß die aufmerksam horchende
Barbara jede Silbe verstand. Sie zitterte vor
Ingrimm, denn Furcht kannte sie schon lange
nicht mehr, da sie auf eigenes Lebensglück be=
reits seit vielen Jahren verzichtet hatte; aber sie
verhielt sich mäuschenstill, weil sie sehr richtig
voraussetzte, der einmal gesprächig gewordene
Baron werde seinem Sohne noch andere Mitthei=
lungen von Wichtigkeit machen.

Horatio pflichtete jedoch seinem Vater nicht
bei. Er widersprach und ergriff wider Erwarten
des Barons die Partei des gefährdeten Mädchens.

Lächelnd hörte Alteneck zu, ohne von den Ein=
würfen des Sohnes sich verletzt zu fühlen. Die
moralische Entrüstung desselben schien ihn eher
zu ergötzen, denn er brach in ein höchst lustiges
Lachen aus, ging mit unsicheren Schritten quer
durch den Gartensalon und schellte. Dem als=
bald eintretenden Bedienten rief er, noch immer
lachend, zu:

„Champagner, Latte, und nicht zu wenig!
Wir müssen einen vollen Abendtrunk thun!"

Der Befehl des Barons ward schnell vollzogen.
Mit schäumenden Kelchgläsern näherten sich Vater
und Sohn wieder dem Fenster, hinter welchem
die athemlos lauschende Barbara stand. Horatio
mußte sich einen Fauteuil neben den Sessel des
Vaters stellen.

„Da wir gerade so allein und ganz ungestört
sind, lieber Sohn," begann der Baron mit lauter
Stimme, aber etwas lallender Zunge, „will ich
Dich in ein Geheimniß einweihen. Du wirst
demnächst mündig und mußt doch Bescheid im
eigenen Hause wissen."

„Schallt es nicht zu sehr in diesem Salon?"
bemerkte der vorsichtige und wegen der Stimmung
seines Vaters besorgt werdende Horatio. „Auf

Deinem Privatzimmer würden wir, glaub' ich, ungestörter sein."

Baron von Alteneck lachte und hielt statt einer Antwort dem bedenklichen Sohne das Kelchglas hin, damit er es abermals mit perlendem Schaumwein fülle.

„Laß Dir nichts weiß machen, Junge," fuhr er fort. „Latte ist ein Spatzenkopf, aber so dumm ist er doch nicht, daß er nicht für den eigenen Schnabel 'was Gutes bei Seite schafft, wenn wir hier etwas darauf gehen lassen... Bedientenkehlen, lieber Sohn, sind wie durchlässige Schläuche; sie werden nie voll, wenn man es ihnen auch eimerweise eingießt... Trinkt die Herrschaft, so säuft Alles, was dient. Das muß man kennen, Horatio!.. In einer halben Stunde schläft der Kerl, daß er einen Pistolenschuß dicht vor seinem Ohr nicht hören würde... Komm also, lieber Junge, schenke Dir ein und höre auf die Stimme Deines Vaters!"

Ein unheimlicher Glanz leuchtete aus den verschwommenen Augen des Barons, als dieser, dem Sohne zugeneigt, in der zitternden Hand das überlaufende Kelchglas, fortfuhr:

„Ich bin entschlossen, reine Wirthschaft in meinem Hause zu machen, damit Du alsbald ein

unabhängiger Herr wirst. Caspar Spät, ein
böser, schuftiger Gesell, der mir immer ein Dorn
im Auge war, denn er durchschaute — na, so
trinke doch, Bursche, und glotze mich nicht an wie
ein gedörrter Stockfisch! — kurz und gut, der
vorlaute Cujon muß baumeln!.. Und die Todten
sind still, sehr still! Höchstens bilden wir uns
manchmal ein, sie sprächen im Traume zu uns.
Es ist aber Unsinn, purer Unverstand, Horatio!..
Ich hab's probirt, ich hab's erfahren; und was
ein Vater dem Sohne sagt, das muß dieser glau=
ben, auf's Wort glauben!.. Nicht wahr, Du
willst ein guter Sohn sein, Horatio?.. Bist ja
mein einziger Sohn — ha, ha, ha, ha, mein
einziger!.. Stoß' an, Du Einziger!.. Du allein
sollst leben und... und... ha, ha, ha, hast Du
die Alte schon gesehen?.. Nicht?.. Sie wird alle
Tage häßlicher und todtenähnlicher, und ich glaube,
sie wird nicht mehr lange leben..."

Barbara zuckte zusammen. Der Baron ver=
schüttete, ohne es zu merken, den Rest des Weines
und fuhr, die Hand auf die Schulter seines Sohnes
legend, fort:

„In den Augen dieser eigennützigen Person
bist Du ein... ein falscher Erbe... Nicht wahr,
das ist lächerlich?.. Ich lache auch darüber und

habe von jeher darüber gelacht, aber ich will nicht, daß andere Leute, Fremde und Feinde, von solchen Thorheiten hören... Und Barbara ist boshaft geworden, seit ich ihr nicht mehr in allen Dingen den Willen lasse... Sie sprengt aus, Du seist nicht der rechtmäßige Erbe von Alteneck..."

„Das wäre eine Infamie, Vater!" rief Horatio zornfunkelnden Auges, indem er aufsprang und das noch kaum berührte Glas auf den mit Speisen belasteten Tisch stellte.

Der Baron lächelte kopfschüttelnd, indem er erwiderte:

„Hat nichts zu sagen, lieber Horatio, bist und bleibst doch mein Sohn und der Erbe aller meiner Besitzungen... Die Alte ist eigennützig und wird kindisch... Kindische Leute sind nicht viel besser als unzurechnungsfähige... Man muß sie überwachen lassen oder einsperren. Für Barbara, der ich noch immer nicht recht gram werden kann — als junges Mädchen war sie sehr lieb und gut — halte ich eine milde Gefangenschaft innerhalb der Räume des Schlosses für angemessen. Was meinst Du, mein Sohn?"

Dem Baron kehrte die volle Klarheit des Denkens zurück, als er auf Barbara zu sprechen

kam. Seine Zunge lallte nicht mehr; er ging
zum Tische, genoß einige Bissen gerösteten Fisch
und ließ Wein in das leere Glas fließen. Zu
dem Sohne, der sich nachdenklich auf die Lehne
des Armstuhles stützte und mit finsteren Blicken
den Bewegungen seines Vaters folgte, zurück=
kehrend, fuhr er fort:

„Schwatzen darf und soll sie nicht länger,
denn sie bringt mich in übles Gerede!.. Es giebt
überall Menschen, die lieber das Schlechte als
das Gute von ihren Nebenmenschen glauben...
Barbara aber schwatzt nicht blos, sie lügt auch...
Hat sie doch schon ausgesprengt, ich hätte Deine
Mutter nicht aus Liebe geheirathet, sondern
nur, um sie zu beerben... Du siehst also, die
Alte ist eine böse, grundschlechte Person, und
ich warne Dich vor ihr und ihren heimlichen
Intriguen!"

Der Baron sprach wieder so laut, daß Horatio
besorgte, ihre Unterhaltung könnte doch möglicher=
weise von einem Unberufenen gehört werden.
Er hielt es daher für geboten, den Mittheilungen
seines Vaters, die ihn in hohem Grade aufregten,
unter allen Umständen ein Ziel zu setzen. Da
er aber einsah, daß dem zu Mittheilungen aller
Art geneigten Baron in seiner heitern Wein=

laune schwerlich Stillschweigen aufzuerlegen sei,
so mußte er zu einem andern Auskunftsmittel
seine Zuflucht nehmen. Er schützte also Müdig=
keit und geistige Angegriffenheit vor und gab
letztere dem genossenen Weine schuld, an den er
nicht gewöhnt sei.

„Armer Schächer!" erwiderte Adam von
Alteneck mitleidig lächelnd und hielt Horatio,
recht um diesem zu zeigen, daß er eine ganz an=
dere Natur sei, das schnell geleerte Glas hin,
damit er es wieder voll schenke. „Kommst mir
vor wie eine Schönheit vom Lande!.. Aengstlich
und zimperlich... Schaff' Dir Erfahrung und
mehr Courage an! Wahrhaftig, ich könnte sonst
auf ganz verflucht dumme Gedanken kommen!..
Also Du bist müde? Wirklich reell müde?"

„So müde, Vater, daß ich der Ruhe bedarf...
Folge meinem Beispiele, es wird Dir ebenfalls
wohl thun!.. Morgen sind wir wieder geistig
frisch und können das Weitere auf Deinem Privat=
zimmer berathen..."

Baron von Alteneck streckte die Beine weit
aus und lehnte sich recht bequem zurück in den
weichgepolsterten Armsessel. Eine abwehrende
Handbewegung machend, antwortete er:

„Das ist knabenhaft thöricht gesprochen, guter

Junge!.. Leute von Welt und Diſtinction
werden nicht müde, am wenigſten bei hellem
Kerzenſchein und blinkendem Wein... Nur
junge, des Lebens ungewohnte Perſonen über=
wältigt dieſe gemeine Schwäche der Natur,
und ſie müſſen, wie Kinder, frühzeitig ſchlafen
gehen... Genire Dich nicht, mein Junge, ſon=
dern geh' zu Bett!.. Wünſche Dir ſüße Ruhe;
ich habe noch einige Zeit hier zu thun, denn
es iſt bei mir feſtbeſchloſſene Sache, daß mein
Haus von allen Uebelwollenden und Böſen ge=
ſäubert werden ſoll."

Er legte den Kopf zurück, ſchlürfte Tropfen
nach Tropfen aus dem Becher und ſtarrte den
Sohn mit verglaſten Blicken an.

Horatio zögerte noch ein paar Secunden, dann
ergriff er die Hand des Vaters, küßte ſie und ver=
abſchiedete ſich mit den Worten:

„Schlaf' wohl und ruhig! Morgen werde ich
nicht ermangeln, Dich an Dein Verſprechen zu
erinnern."

„Schlaf' wohl!" lallte der Baron, abermals
Wein ſchlürfend und in demſelben Moment
die Augen ſchließend, wo Horatio den Salon
verließ...

Es trat eine lautloſe Stille ein. Der Baron

behielt die einmal angenommene legère Lage im
Fauteuil bei, nur der Kopf sank ein wenig zur
Seite, so daß sich Barbara das zinnoberrothe
Gesicht des tapfern Trinkers zukehrte. Die Hand
mit dem Kelchglas sank tiefer und tiefer, und
bald vernahm die lauschende Beschließerin das
Schnarchen eines fest Schlafenden...

Jetzt trat sie aus ihrem Versteck hervor, kalten,
ernsten Auges, wie eine Botin der Nemesis. Ihr
Schritt war leicht und schwebend, ihre Hand fest,
als sie den Griff der Glasthür erfaßte, um sie
behutsam und ohne Geräusch zu öffnen... Mit
einem verächtlichen Seitenblick auf den Schlafenden trat Barbara an den Tisch, füllte ein Glas
voll Champagner und leerte es. Dann näherte
sie sich dem Baron und betrachtete die verlebten
Züge des Wüstlings, der ihr einst Liebe ge-
schworen und dessen Schwüren sie lange Glauben
geschenkt hatte, mit Blicken des Abscheus und
Hohnes.

„Deine Offenheit, Adam, die mich Dein
schwarzes Herz ganz durchschauen läßt, verdient
eine Belohnung," murmelte sie mit halb offenem
Munde. „Ich will sie Dir nicht vorenthalten
und Dir eine angenehme Nacht bereiten."

Mit tückischem Kopfnicken wandte sie sich ab,

ging zunächst in das links gelegene Zimmer und
löschte hier alle Lichter. Zurückkehrend beugte
sie sich über den Baron, um sich zu vergewissern,
daß er noch fest schlafe. Darauf leerte sie am
Tische ein zweites Glas Champagner, eilte in
das Nebenzimmer zur Rechten und ließ hier
ebenfalls an die Stelle taghellter Beleuchtung die
tiefe Finsterniß einer mondlosen Septembernacht
treten. Endlich erlosch unter den geschäftigen
Händen der geisterbleichen Schaffnerin auch in dem
geräumigen Salon ein Licht nach dem andern,
bis nur auf den beiden Wandleuchtern neben
der Ausgangsthür in die inneren Schloßräume
je eins noch brannte und den weiten Raum
mit einem unfreundlichen Dämmerschein er=
füllte.

Noch einmal trat Barbara vor den schlafen=
den Baron. In ihrem Blicke lag eine unver=
söhnliche Härte, und die leise gesprochenen Worte,
die sie über des Schläfers dunstiges Haupt hin=
hauchte, klangen so hohl, als tönten sie aus dem
Grabe herauf:

„Fürchte Dich nicht, Adam, wenn der Schlaf
von Dir weicht!.. Ich bleibe bei Dir und in
Dir, wie die Todte, wenn es Dir auch, was

nicht geschehen wird, gelänge, mich als gefähr=
liche Schwätzerin einsperren zu lassen!"

Geräuschlos, wie sie gekommen war, ent=
fernte sich Barbara wieder, nur ging sie nicht
zurück in die Veranda, sondern folgte den Schritten
des Junkers Horatio.

10.

Barbara bei Horatio.

—

Die Zimmer des Erben von Alteneck lagen,
wenn er bei seinem Vater sich aufhielt, in der
zweiten Etage des weitläufig gebauten Schlosses.
Sie sahen nach dem Park hinaus und waren
eben so lustig als freundlich. Ein Diener begleitete den jungen Herrn und stellte einen Armleuchter mit zwei Wachskerzen auf den Tisch,
worauf er sich mit stummer Verbeugung entfernte.

Horatio war nicht müde, wie er dem Vater
glauben machte, er suchte nur die Einsamkeit,
um die Eindrücke in sich zu verarbeiten, welche
die Unterredung mit seinem Vater auf ihn gemacht hatte. Ein intimes, herzliches Verhältniß
hatte niemals zwischen Vater und Sohn stattge-

funden, was Beide einander später immer mehr
entfremdete. Den Baron langweilte aller Um=
gang mit Kindern, und Horatio war überdies
noch ein stiller Knabe, der wenig Sinn zeigte für
die Lebensgewohnheiten des Vaters. Dieser fand
den Sohn für einen Knaben zu ruhig, und das
verleidete ihm den Umgang mit Horatio. So
lebten Beide neben einander fort, ohne sich recht
kennen zu lernen, noch weniger sich lieb zu ge=
winnen. Allein dem heranwachsenden Knaben,
der kaum zehnjährig seine Mutter verlor, konnte
nicht verborgen bleiben, daß Fremde über den
Baron harte Urtheile fällten. Später, als er
selbst schärfer beobachten lernte, entdeckte er Eigen=
schaften an dem Vater, die ihn abstießen, und
bald darauf kam er zu der traurigen Einsicht,
daß der, dem er Leben und Namen verdankte,
den er achten und lieben und dessen Beispiel er
sich zum Vorbild nehmen sollte, einen nahezu
verwerflichen Lebenswandel führe. Er freute sich
daher, als der Baron ihn zuerst in die nicht sehr
entfernte Kreisstadt auf die gelehrte Schule gab,
von der er später die Universität bezog. Eine
dürftige Correspondenz ward gewohnheitsmäßig
zwischen Vater und Sohn unterhalten, vertrau=
licher Gedankenaustausch aber fand zwischen ihnen

nicht statt. Horatio schloß einige Jugendfreund-
schaften mit Gleichgesinnten, wobei er nur auf
das Herz, nicht auf den Stammbaum derer sah,
die ihm Gefährten und Vertraute im Leben sein
sollten. Am innigsten verbunden blieb er mit
Antonius Wacker, dem Sohne eines wenig begüterten Bauers, der bei seines Gleichen durch
große Rechtlichkeit, scharfen Verstand und durch
das höchst anerkennenswerthe Bestreben, seiner
mangelhaften Bildung durch Lectüre aufzuhelfen,
in großem Ansehen stand. Niklas Wacker bekleidete
das Amt eines Schulzen und hatte als solcher
einen bedeutenden Wirkungskreis.

Es war hergebracht und auch Befehl des
Barons von Alteneck, daß Horatio zweimal im
Jahre die Heimath besuchte, zu Ostern und Weihnachten. Diese Termine hielt der gewissenhafte
Sohn pünktlich inne, legte aber der herkömmlichen
Zeit nie einen Tag zu. Das erklärte sich aus
dem Leben in Alteneck und aus den sonderbaren
Genüssen, denen sich der Baron immer mehr
hingab. Es ging äußerlich lustig zu auf Alteneck,
in Wahrheit aber trug diese Lustigkeit das Kains-
zeichen ununterbrochener Sinnenbetäubung an
der Stirn. Solchem Leben, das mehr einem
wüsten, wilden Taumel glich, vermochte Horatio

keinen Geschmack abzugewinnen. Er stahl sich
daher aus den lärmenden Gesellschaften seines
Vaters und der Freunde desselben heimlich fort,
so oft er es, ohne Anstoß zu geben, thun konnte,
und suchte das einfache Bauernhaus seines Wacker's
auf, wo er einfache, aber gesunde Nahrung für
Herz und Seele fand.

Dennoch hatte er seinen Vater früher nie in
einer so ganz außergewöhnlichen Stimmung ge=
sehen, wie bei dem Besuche, den er ihm abzu=
statten nach dem uns bekannten Briefe für Pflicht
hielt. Es leuchtete Horatio ein, daß sein Vater
geistig nicht weniger leide als körperlich, und daß
er im Grunde bei aller Lustigkeit, die er zur
Schau trug, doch ein tief unglücklicher Mann sei.

Betäubte den Sohn schon diese Entdeckung,
so entsetzte er sich bei dem Blicke, den er in des
unglücklichen Vaters verwildertes Seelenleben
that. Angst und Furcht lähmten ihm die Zunge, als
der weinselige Mann durch seine Gespräche sein
eigener Ankläger mit lachendem Munde ward...

Die Bangigkeit, welche Horatio aus dem
Gartensalon scheuchte, verlor sich auch nicht auf
seinem Zimmer, doch war er um den Vater, den
er in so eigenthümlicher Aufregung zurückließ,
nicht besorgt, da er zwei jüngeren Dienstboten,

deren offene Gesichtszüge ihm Vertrauen ein=
flößten, eingeschärft hatte, dem Baron beizu=
springen, wenn er möglicherweise fremder Hülfe
bedürfen solle. Seinen Leibdiener hatte Baron
von Alteneck ganz richtig taxirt. Dieser gehor=
same Knecht seines Herrn, der sich zu Allem ge=
brauchen ließ, war in seinem Zimmer bei der
Flasche eingeschlafen.

Als Horatio sich allein wußte, öffnete er eins
der Fenster, um die Nachtluft einzuathmen und
sein Blut abzukühlen. Tiefer Friede herrschte
in der Natur. Die Luft war windstill, aber
neblig. Die Bäume des Parks unter ihm schien
ein' weißlicher Gazeschleier zu verhüllen. Fern
im Südosten wetterleuchtete es am Horizont,
wobei die spitzen Giebel von Rothstein deutlich
sichtbar wurden.

Horatio's Blicke ruhten finster auf dem fernen
Grafenschlosse, dessen Besitzer ein Freund und
Genosse seines Vaters war, und sein Herz füllte
sich mit Groll gegen einen Mann, den er zu
wenig kannte, um ihn richtig würdigen zu können,
dessen Ruf aber an denselben Flecken litt, die
man seinem eigenen Vater immer zum Vorwurf
gemacht hatte. Wer mag — so lautete die Frage,
welche der junge Mann bekümmert an sich selbst

richtete — wer mag die größere Hälfte der Schuld
an der Versunkenheit des unglücklichen Besitzers
von Alteneck tragen, dieser selbst oder sein soge=
nannter Freund, der um einige Jahre ältere Graf
von Rothstein?

Je weniger diese nicht laut gewordene Frage
sich beantworten ließ, desto bekümmerter ward
Horatio's Herz. Er war sich bewußt, nur das
Rechte und Gute zu wollen, aber er sah nirgends
einen Ausweg aus dem Labyrinth, in das er
plötzlich durch die halbdunkeln Mittheilungen
seines Vaters gerathen war.

Den Tischler Spät kannte Horatio blos ober=
flächlich, er hatte aber immer nur Gutes von
ihm gehört. Dagegen wußte er, daß der Baron
dem in seinem Fache geschickten Manne, seit Else
sich ihm verlobt hatte, zürne, und daß er es nicht
verschmäht hatte, seinen Charakter herabzusetzen
und ihn vielfach zu verleumden. Den Grund
dieses unedlen Verfahrens ahnte der Sohn nur,
umständlich Nachfrage zu halten hielt ihn ange=
borene kindliche Pietät ab. Und diesem Manne,
auf dem der Verdacht eines schweren Verbrechens
ruhte, stand jetzt, wenn nicht Männer von Ein=
fluß für ihn eintraten, ein schimpfliches Ende
bevor!.. Es lag Horatio vor Allem daran, über

dieſen Fall mit ſeinem Vater auf's Reine zu
kommen, weil er ihm der bringendſte ſchien.
Was ihn ſonſt noch beunruhigte, mußte dem
nachſtehen. Selbſt die Sicherheit Barbara's,
die nach den Andeutungen ſeines Vaters bedroht
war, lag dem menſchenfreundlich geſinnten Junker
weniger am Herzen. In Bezug auf dieſe Perſon,
die in des Barons Verhältniſſe tiefer eingeweiht
war, als irgend ein Anderer, konnten in dem
Kopfe deſſen, der gewiſſermaßen ihr Schickſals=
lenker war, eben ſo ſchnell andere Beſchlüſſe ge=
faßt werden.

Das Auge ſenkend, gewahrte Horatio nach
einiger Zeit, daß der Lichtſchein, welcher durch
die offene Säulenhalle der Veranda den Park
eine Strecke weit erleuchtete, ſchnell immer ſchwächer
ward und endlich ganz erloſch. Dieſe Wahr=
nehmung minderte ſeine Aufregung.

„Der Vater ſucht ebenfalls die Ruhe," dachte
er. „Gott ſei Dank, daß er müde wird und ein=
ſieht, nur der Schlaf vermöge ihn zu kräftigen!..
Ich werde ihm entgegen gehen, damit auf der
alten Wendeltreppe ihn nicht etwa ein böſer
Schwindel erfaßt!.. Halte ich mich nur in der
Nähe, ſo kann er keinen unglücklichen Fall thun,
wenn er ſtrauchelt..."

Er trat auf den dunkeln Corridor und blickte
über das aus Eichenholz geschnitzte Geländer in
den thurmartigen Treppenschlund hinunter, aus
dem ein feststehendes Licht zu ihm herauf schim=
merte. Alles blieb still; er hörte keinen Schritt,
keinen Athemzug... Nun glitt Horatio möglichst
schnell die erste Treppe hinunter, das Auge immer
abwärts gewendet, um zu sehen, was im Parterre=
geschoß etwa vorgehe... Eben hatte er den Fuß
auf die oberste Stufe der unteren Treppe gesetzt,
als das in der Tiefe brennende Licht durch einen
Schatten verdunkelt ward. Sogleich trat er wieder
zurück in den Corridor und horchte... Er ver=
nahm schleppende Schritte, begleitet von schweren
Athemzügen, die beide anzeigten, daß dem Herauf=
kommenden das Steigen beschwerlich falle.

Nach wenigen Secunden fiel ein Lichtschimmer
gegen die Wand, und aus dem Treppenhause
tauchte die Gestalt der Beschließerin mit ihrer
sonderbar geformten goldbrocatenen Haube auf.
Zum Ausweichen blieb Horatio keine Zeit; die
Blicke der Alten ruhten auf ihm, ehe er noch
wußte, wie er sich gerade dieser Person gegen=
über verhalten solle.

„Barbara!" sagte er, während diese mit der
kleinen Blendlaterne, die sie trug, den Erben

von Alteneck von Kopf zu Fuß beleuchtete. „Wo ist mein Vater?.. Du mußt ihn gesehen haben, denn Du kommst aus dem Gartensalon, wo ich ihn verließ."

Barbara verzog keine Miene. Sie betrachtete Horatio mit finsteren, kalten Augen.

„Der Baron schläft," sagte sie nach einer Pause, „und damit er seinen Rausch ungestört ausschlafen kann, habe ich die Lichter ausgelöscht."

Horatio seufzte.

„Was suchten Sie hier, Junker?" fuhr Barbara fort, indem sie ihm näher trat.

„Ich glaubte, mein Vater wolle sich zur Ruhe begeben," versetzte Horatio. „Wie kamst Du in den Salon?"

„Das sollen Sie erfahren, Junker, wenn Sie mich anhören wollen. So müde, wie Sie vorgaben, sind Sie wohl noch nicht?"

„Wie kannst Du wissen..."

„Man weiß immer, was man hört," fiel Barbara ihm in's Wort. „Von dem Gespräch des Herrn Barons ist mir keine Silbe entgangen."

„Schäme Dich, Barbara, Du horchtest!"

Die Beschließerin hob drohend die Rechte und

deutete mit dem abgemagerten Zeigefinger gen Himmel.

„Wen Gott hinter die Thür stellt, der horcht nicht," sprach sie ernst. „Es ist des Allwissenden Wille, daß ich des Herrn Pläne erfahren soll, ehe es ihm gelingt, sie zu seinem eigenen Verberben auszuführen... Mein scharfes Gehör rettet ihn diesmal vor einer Frevelthat, die er im Schilde führt... Junker, haben Sie Ihre Mutter geliebt?"

Diese ganz unerwartete Frage trieb Horatio das Blut in's Gesicht. Er hatte leider seine eigene Mutter zu wenig gekannt, um ihr mit wahrhaft inniger Kindesliebe anzuhangen.

Barbara winkte ihm gebieterisch und setzte ihren Fuß auf die Treppenstufe, indem sie ihn zum Vorangehen einlud.

„Der Baron schläft oder träumt in dem Himmel, den er sich selbst bereitet hat," sagte sie. „Erschrecken ihn keine bösen Träume, so wollen wir ihn nicht wecken."

Vor den Zimmern des Junkers blieb Barbara stehen. Auch Horatio zauderte.

„Treten Sie ein, ich folge!" sprach sie mit einer Stimme, die keinen Widerspruch zuließ. „Ein junger Herr, der binnen wenigen Monaten

majorenn wird, muß die Verhältnisse seines
Hauses kennen lernen... Ich bin muntern
Geistes, und die milde Kühle der stillen Herbst-
nacht wird mich beredt machen. Oder sind Sie
kein Freund von interessanten Geschichten?...
Die Frau des Schulzen Wacker ist doch berühmt
als Geschichtenerzählerin... Sie hat die Kunst
ererbt von dem grauhaarigen Schäfer von der
Heidenlehne, der sie als Nothpathe aus der Taufe
hob... Sie hören, Junker, daß ich keine Fremde
mehr bin auf den Gütern der Grafen von Rothstein und der Barone von Alteneck."

Horatio geleitete Barbara in seine Zimmer.
Diese stellte ihre Blendlaterne auf den Tisch
neben den Armleuchter mit den still brennenden
Wachskerzen. Dann zog sie den Junker zum
Fenster und lenkte seine Blicke über den Park
nach der Gegend hin, wo man die Dachspitze der
Eremitage hätte sehen können, wäre die Luft nicht
zu sehr mit Dünsten angefüllt gewesen.

„Dort lag ich weinend, händeringend und fluchend auf den Knieen, als die Freiin von Gerolds-
hausen ihren Einzug durch die Ehrenpforten hielt,
die man ihr an der Auffahrt zum Schlosse er-
richtet hatte," begann Barbara, die brennenden
Blicke Horatio zukehrend. „Der Platz, den die

fremde vornehme und reiche Dame einnahm, war
mir versprochen und von dem Baron Adam von
Alteneck hundertmal zugesichert worden! Aber ich
war ja nicht mehr jung, schön und fröhlich, und
da verstand es sich von selbst, daß die dienende
Magd dem vornehmen Fräulein weichen mußte.
Dieses Fräulein, Junker, ward Ihre Mutter, ge=
rade in dem Jahre, wo der große Komet die
Welt in Schrecken setzte... Ich ging der gnädigen
Frau aus dem Wege, weil sie mir leid that und
ich sie nicht unglücklich machen wollte durch meine
Erzählungen; denn Sie müssen wissen, Junker
Horatio, das größte Unglück meines Lebens war,
daß ich nicht lügen und nicht heucheln konnte...
An Ihrem Tauftage erst traf ich mit der Gnä=
digen zusammen; sie ging allein spazieren im
Park und begegnete mir, als ich eben aus meiner
Wohnung in der Eremitage trat — denn dahin
hatte mich damals die Hand des Herrn Baron
verwiesen... Da die Gnädige stutzte und mein
fremdartiges Aussehen ihr wohl auffallen mochte,
führte ich sie in die Eremitage und zeigte ihr die
ganze Einrichtung derselben, wobei ich nicht ver=
meiden konnte, der armen Seele deren Entstehung
zu erzählen... Geantwortet hat mir die Gnädige
nicht viel, sie schluchzte nur unaufhörlich und

gewöhnte sich das unangenehme Händeringen an,
das sie nicht wieder ablegen konnte, und das der
Baron noch mehr haßte als das ewige Weinen,
wodurch die junge Gnädige rothe Augen bekam
und sich alle Farbe aus dem kindlich sanften
Gesicht weinte. Es war nicht recht von ihr, daß
sie die Wahrheit so übel nahm und sich damit
selbst um alles Erdenglück brachte..."

„Du bist ein furchtbares Weib, Barbara!"
fiel Horatio ein, da die beredte Erzählerin wie
ermüdet den Kopf senkte und dabei ihre eigen=
thümlich glänzenden Augen momentan schloß.
„Der Baron wäre kaum zu tadeln, wenn er Dich
als Unheilstifterin einsperrte; er hätte das nur
schon früher thun sollen!"

Die Beschließerin ließ den Einwurf Horatio's
unbeachtet, als habe sie ihn gar nicht gehört, und
fuhr fort:

„Als nun die Gnädige keine Freude mehr
hatte, und der Herr Baron ihrer überdrüssig ge=
worden war, wie das so in seiner Natur lag,
sahen wir uns häufig, und immer klagten wir
uns gegenseitig unser Leid, obwohl wir uns
eigentlich recht von Herzen gram waren. Darüber
lobte mich der Baron wieder, und er machte mir
auch sehr schön klingende Versprechungen, die er

aber später nach seiner Weise alle wieder vergaß.
Es ist wahr, meine Erzählungen machten die
schnell gealterte gnädige Frau immer elender;
allein schweigen konnte ich nicht, wenn sie mich
zum Sprechen aufforderte, und so ist's am Ende
so gekommen, wie der Baron sagte, wenn er mit
seinen Freunden recht lustig beisammen saß: die
arme Seele starb an dem Gifte der Wahrheit,
das sie nicht vertragen konnte... Wie sie aber
todt und begraben war, da ging sie um im Kopfe
des Barons, während ich seit der Zeit immer so
sanft schlafe, wie der gerechteste Knecht Gottes..."

Barbara's sonderbare Blicke entsprachen voll=
kommen ihren seltsamen Reden, und Horatio war
zweifelhaft, ob er eine ihres Verstandes wirklich
noch vollkommen Mächtige oder eine bereits dem
Wahnsinn Verfallene vor sich habe. Letzteres
schien ihm das Wahrscheinlichere zu sein; denn
mochten ihre Mittheilungen auch Manches ent=
halten, was an Geschehenes anknüpfte, so fehlte
ihnen doch jeder innere Zusammenhang. Aller=
dings war Horatio's Mutter — dessen erinnerte
sich der Sohn — immer leidend und gewiß nicht
glücklich gewesen, sie hatte aber weder über ihren
Gatten jemals Klage geführt, noch von Barbara
als einer Persönlichkeit gesprochen, die Unfrieden

im Schlosse stifte. So tief ihn daher auch das
Vernommene erschütterte, sein Mitleid mit der
gealterten Beschließerin, die um ihr verlorenes
Leben Kummer trug, war doch größer als der
Schreck, welchen die wirren Reden der Jugend=
freundin seines Vaters ihm einflößten. Irgend
welchen Gewinn konnte er aus diesen Erzählungen
nicht ziehen; deshalb wünschte er sich von Bar=
bara eben so los machen zu können, wie er sich
den eben so beunruhigenden Gesprächen des eigenen
Vaters entzogen hatte. Er faßte daher ihr letztes
Wort, in dem ja einige Beruhigung lag, auf
und sagte, ihr die Blendlaterne in die Hand
drückend:

„Das zu hören, ist mir lieb, Barbara! Schlafe
sanft, wie Du es verdienst, auch in dieser Nacht!
Es ist schon spät und Du bist angegriffen.“

Barbara hob die Laterne und ließ das scharfe
Licht derselben voll auf das blasse, schmale Ge=
sicht Horatio's fallen.

„Die ganze gnädige Frau, wie sie leibte und
lebte, ehe sie zu mir in die Eremitage kam!“ sprach
sie. „Wären Sie nicht der Junker von Alteneck,
so könnte ich wohl etwas für Sie thun, so aber
zwingt mich das Gesetz der Natur, Sie zu
hassen...“

„Und ich habe Dir doch nie etwas zu Leide gethan," versetzte mit trauriger Stimme Horatio.

„Sie nicht, Junker, aber Er, dessen Stimme ich jetzt eben vernahm."

Sie warf den Kopf trotzig in den Nacken, kehrte sich rasch ab und schritt der Thür zu. Als diese dem Druck ihrer Hand nachgab, vernahm auch Horatio ein dumpfes Geräusch von unten, das Aehnlichkeit mit dem Stöhnen eines Leidenden hatte.

Barbara wendete sich wieder und sagte mit schauerlich kaltem Lächeln:

„Jetzt macht der Herr Baron der todten Gnädigen den Hof!.. Ich hör' es an seinem Seufzen... Es ist spaßhaft anzusehen, wie geschmeidig, herablassend und nachgiebig der gestrenge Herr dann wird..."

Sie nickte ihm nochmals zu, hielt eine kleine Weile die Blendlaterne über das Treppengeländer und schlürfte dann den Corridor hinunter, an dessen Ende ein Seitengang nach der Wohnung führte, die ihr angewiesen war.

Horatio beugte sich lauschend über das Geländer. Das feststehende Licht in der Tiefe brannte noch, von einem Geräusch aber war nichts mehr zu hören.

„Die schwachsinnige Alte hat geträumt," rief er sich selbst beruhigend zu, seine Zimmer wieder aufsuchend, „ich will aber doch schon morgen Rücksprache mit dem Vater nehmen, wie man der Bedauernswerthen eine Existenz schaffen kann, die sie nicht belästigt und Andere nicht in Schaben bringt. Beredte Thorheit, wenn man ihr unbeschränkte Freiheit läßt, muß früher oder später Unheil stiften." —

Zweites Buch.

1.

Im Hause des Schulhalters.

———

Durch kleine Fensterscheiben fiel heller Abend=
sonnenschein in das sauber gehaltene Wohn=
zimmer des pensionirten Schulhalters Tobias
Helfer und bestreute das Silberhaar des alten
Mannes mit Goldfunken. Geneigten Hauptes
saß Helfer in seinem hart gepolsterten Sorgen=
stuhle und hörte aufmerksam auf die Worte, welche
ein bejahrtes Mütterchen, seine Frau, aus einem
Briefe vorlas. Manchmal verklärte ein glück=
liches Lächeln die vom Alter durchfurchten Züge
des Schulhalters, dann wieder trübte sich sein
Blick und er athmete bang und schwer. Im
Ganzen aber machte der Inhalt des Briefes auf
das alte Ehepaar ersichtlich einen günstigen Ein=
druck, und als nach mehrfachen Unterbrechungen

die Lectüre beendigt war, reichten sich Beide die Hände und sahen einander so glücklich wie neu Verlobte in die blöde gewordenen Augen.

Während Tobias, den Inhalt des Briefes im Stillen sich wiederholend, den greisen Kopf leise hin und her bewegte, nahm Rahel die Brille ab, deren sie sich beim Lesen bedient hatte, und steckte sie vorsichtig in das Futteral, indem sie sagte:

„Doch endlich ein Tropfen Balsam auf unsere wunden Herzen, Vater! Nun erst seh' ich's ein, daß der Ludwig einer guten Stimme folgte, die von oben kam, als er uns trotz unseres flehent= lichen Bittens und Abrathens verließ. Nächstes Frühjahr werden es schon sechzehn Jahre."

„Schon sechzehn Jahre!" wiederholte Tobias und faltete die Hände über dem Schreiben, das Rahel ihm zugeschoben hatte. „Eine lange Zeit, Mutter, und doch ist sie dahin geschwunden wie ein Traum!.. Wir haben alle Ursache, Gott dank= bar zu sein... Es ist wenigstens eins unserer Kinder glücklich geworden!.. Wer kann wissen, was geschehen wäre, hätten es die anderen beiden dem Ludwig nachmachen können... Verzeih' mir's der liebe Gott, aber nach diesen Mitthei= lungen möcht' ich's fast wünschen!"

„Laß uns nicht klagen, Vater!" entgegnete

Rahel, die feucht gewordenen Augen trocknend.
„Ich möchte die Angst und die Qual des Her=
zens nicht noch einmal durchleben, die mir das
Fortgehen des Trotzkopfes verursachte. Jetzt
ist's — Gott sei tausend Dank — überstanden, und
der Junge hat drüben sein Glück gemacht. Das
allein beruhigt mich. Wäre er unglücklich wie
sein Bruder — o Vater, Vater, dann wäre ich
längst an gebrochenem Herzen gestorben!"

Tobias senkte nachdenklich das greise Haupt.
Er wollte oder konnte Rahel nicht widersprechen,
und so verglich er schweigend die Gegenwart mit
der Vergangenheit, und wog die Schicksale seiner
Kinder prüfend gegen einander ab.

„Mich drückt nur Eins, Mutter," sagte er
nach längerem Schweigen, den Brief zusammen=
faltend, „Joachim wird unsere Freude nicht ein=
mal theilen, und das würde alles Glück Ludwig's
für uns arme Eltern wieder in Unglück ver=
kehren. Er hat ein neidisches Gemüth, das merkte
ich dem Knaben schon an... Geht es Anderen
gut, so murrt er. Das macht mich seinetwegen
noch besorgt; denn neidische Menschen sind nie
zufrieden zu stellen. Selbst das größte Glück,
die unerwartetsten Erfolge machen ihnen keine
Freude. Neid und Undank bleiben ewig Ge=

ſchwiſterkinder und verwandeln dem, der ſich ihrem Umgange hingiebt, den Himmel in die Hölle!"

„Joachim giebt ſich noch, wenn er erſt aus=getobt hat," warf Rahel ein. „Er ſchlägt dem Großvater nach."

„War der glücklich, Mutter?.. Seine heftige Gemüthsart hat ihn getödtet und drückte mir den Schulbakel in die Hand, da mich das bischen Weberei auf eigene Hand nicht mehr ernährte... Dafür habe ich nun nach beinahe dreißigjährigem unverdroſſenen Dienſte, dem ich gewiſſenhaft oblag, bis an mein Ende jährlich zwölf Thaler zu verzehren!.. Ein Vermögen iſt's nicht, aber freilich, bei der Armuthei in unſerm Dorfe und bei der Abneigung des geſtrengen Herrn gegen Alles, was Lernen und Aufklären heißt, kann ich mich über unwürdige Behandlung nicht be=klagen. Wenn ſich das Mädel, die Andrea, nur ſchicken wollte!.. Aber ſie iſt in allen Dingen des Bruders Schweſter!.. Voller Einbildungen und großer Pläne, eigenſinnig und hochmüthig, und niemals zufrieden!.. Der Aufenthalt bei Moosdörfer, wo ſie zu ſehr als Dame behandelt wurde, hat ihr nicht gut gethan. Wär' es nicht unchriſtlich, ſo möchte ich wünſchen, daß der Herr

Graf sie auf vernünftige Weise zu ihrem eigenen
Besten mehr zurecht setzte."

Rahel schüttelte den Kopf, nahm den Brief
auf und verschloß ihn in ein kleines Pult, an
welchem Tobias Helfer während seiner langen
Amtsführung die Leistungen seiner Eleven im
Schönschreiben durchgesehen und corrigirt hatte.

„Andrea läugnet hartnäckig, daß sie mit ihrem
Loose nicht zufrieden sei, wie so Viele uns wieder=
holt erzählt haben," entgegnete sie. „So lange
aber das Mädchen selbst nicht klagt, dürfen wir
ihr doch keine Vorwürfe machen. An Kopf fehlt
es ihr nicht, und mit gutem Willen und etwas
Klugheit kommt man weit in der Welt."

„Allerdings, Mutter; eben deshalb wünsche
ich ja gerade, das Mädchen möge zur Erkenntniß
kommen und einsehen, was sich für sie schickt."

„Sie ist unser Kind und gut erzogen, Tobias!"

„Das sind sie Alle, aber böse Beispiele, Um=
gang mit Menschen, die man dulden muß, weil
das Gegentheil Schaden bringen würde... na
Du weißt, was ich sagen will..."

„Der Graf hat auch seine Feinde," meinte
Rahel. „Ein Wunder freilich ist's nicht, wenn
man an seine Vergangenheit denkt."

Tobias richtete seine hellgrauen Augen sehr ernst auf die Sprechende. Dann sagte er:

„Es ist doch recht betrübend, daß auch der unbescholtenste Mensch durch bloßen Zufall in üble Nachrede kommen kann... Ich kenne den Grafen von Kindesbeinen an, habe seine in Gott ruhenden Aeltern schon gekannt, mußte häufig persönlich mit ihm verkehren und fand ihn zu keiner Zeit schlimmer geartet, als es die meisten Herren in solchem Stande sind. Seine Leute mag er wohl zuweilen härter als billig behandelt haben, daß er aber auch gegen Gleichgestellte in unziemlicher Weise seine Launen ausgelassen habe, werde ich so lange in Abrede stellen, bis es mir bewiesen wird. Man thut jedenfalls gut, wenn man nicht vorlaut ist... Andrea, denk' ich, wird sich mit uns über Ludwig's Mittheilungen freuen.''

„Ich schlage vor, daß Joachim sie erst durch die Schwester erfährt,'' meinte Rahel. „Für nächsten Sonntag hat sie Urlaub erhalten; dann kann sie über die Mühle zu uns kommen. Den Brief schicken wir ihr morgen durch die Botenfrau zu. Ein paar Worte von Deiner Hand geben ihr die nöthigen Winke.''

„So sei es, Mutter!'' bekräftigte der Greis,

erhob sich aus seinem Sorgenstuhle und stellte
sich trotz seiner hohen Jahre noch immer als ein
Mann dar, welchen das Alter und der Druck
eines harten, arbeitsvollen Lebens zwar gebeugt,
nicht aber gebrochen hatte. „Der Brief aus
Buenos-Ayres ist mir Erquickung und wahre
Seelenlabe," fuhr er fort. „Der gute, thätige
Mensch soll auch bald ausführliche Antwort ha=
ben. Vorher jedoch will ich Joachim in väter=
licher Liebe ernsthaft in's Gewissen reden, damit
er zur Einsicht kommt... Wenn er sich nur be=
scheiden lernt, wie ich es immer mußte, hat er
Aussichten genug, in wenigen Jahren ein ganz
glücklicher Mensch zu werden. Auf goldenen,
purpurüberzogenen Stühlen freilich können wir
nicht Alle sitzen, die Art des Sitzes aber schmälert
Niemand seinen innern Werth!.. Daß just sein
bester oder — was ich für wichtiger halte —
sein einziger Freund in diese schreckliche Unter=
suchung gerathen mußte, ist entsetzlich und macht
Joachim eben so unglücklich wie ungerecht gegen
die Welt. Hat er Dir bei seinem letzten Besuche
nichts mitgetheilt?.. Ich mag ihn nicht direct
fragen, weil er dann gleich aufbraust und die
tollsten Behauptungen aufstellt."

„Ich weiß nur, daß Caspar sich nicht reinigen

kann," entgegnete Rahel. „Ein solches Zu=
sammentreffen unglücklicher Umstände sollte man
kaum für möglich halten... Wie die Herren
Advocaten und Gerichtsbeistände sich wohl den
Kopf dabei zerbrechen mögen!.. Ich bekäme keine
Nacht mehr Schlaf, sollte ich mein Gutachten
über solchen Fall abgeben..."

„Hast recht, gute Rahel!" versetzte Tobias.
„Es giebt keinen verantwortlicheren Stand als
den des Richters... Daß der unglückliche Caspar
auch die unbesonnenen Worte in Anderer Beisein
äußern mußte!.. Diese Worte allein können ihm
den Hals brechen... Vor Gericht hat er sie zu=
geben müssen!"

Man vernahm auf der nahen Landstraße das
Rollen eines Wagens, der schnell näher kam.
Jenseits einer hügeligen Fläche drehten sich auf
kahler Höhe, an die sich waldige Berge lehnten,
die Flügel einer Windmühle in langsamem Tacte,
die jetzt im goldenen Abendschein röthlich glühten.

Tobias Helfer heftete seine Blicke auf die
auf und nieder tauchenden Windmühlenflügel und
überhörte, sich seinen Gedanken überlassend, das
klappernde Wagengerassel, bis es plötzlich ver=
stummte.

„Das hält ja hinter unserm Holzschuppen,"

sagte er, das Gesicht dem Fenster abkehrend. „Sollten wir noch Besuch bekommen?"

Rahel war schon in's Nebenzimmer geeilt, wo ein Webstuhl und zwei Treibräder standen. Die drei Fenster dieses Anbaues, in welchem Helfer noch immer sein von Jugend auf erlerntes Geschäft, die Weberei, betrieb, sahen nach dem kleinen Hofraume und über diesen auf die Straße hinaus, die in das Dorf hinunter führte, an dessen äußerstem Ende auf malerischem Basaltgestein das Schloß des Grafen Achim von Rothstein lag. Dicht vor der kleinen Hofthür hielt eine alte Kalesche, aus der mit raschem Sprunge ein breitschultriger, kräftiger junger Mann sich schwang, dem das starke, fast schwarze Haupthaar und der sehr dichte Backenbart ein recht trotziges Aussehen verliehen. Das Gesicht dieses Mannes war geröthet, sein Blick scharf und stechend, und die ganze Art, wie er auftrat, zeugte von Energie und Willenskraft.

„Joachim!" rief die Frau des Schulhalters und öffnete das Fenster. „Wo in aller Welt kommst Du her?.. So spät am Tage und in offener Kalesche?.. Du siehst ja aus, als wäre Dir der Gottseibeiuns begegnet!"

Der Sohn gab seiner Mutter nur durch grüßen-

den Zuwink Antwort, indem er auf soldatische
Weise die Hand an seine Mütze legte. Dann
schlang er den Zügel um den Pfosten der Hof=
thür, warf einen düstern Blick zurück nach dem
im Thalgelände sich ausbreitenden Dorfe und
nach dem hoch ragenden Grafenschlosse, auf dessen
spitzen Zinnen die letzten Strahlen der Abend=
sonne verglühten, und hob drohend die geballte
Faust. Im nächsten Augenblicke reichte er der
alten Mutter die Hand durch's Fenster und
betrat durch die Hinterthür das Haus der Aeltern.

Tobias empfing den Sohn mit offenen Armen
schon auf der Schwelle, ohne die Frage Rahel's
zu wiederholen, der Anblick Joachim's aber ver=
ursachte ihm Herzklopfen. Er sah in der That
aus wie ein Mensch, dem ein großes Unglück
begegnet oder der Zeuge eines solchen gewesen
ist. Wäre es nicht der eigene Sohn gewesen,
welcher dem Vater gegenüber stand, Tobias, der
stille, sanfte Schulhalter, würde ihm entsetzt aus
dem Wege gegangen sein.

Den herzlichen Gruß des Vaters erwiderte
Joachim kurz, warf sich in den alten harten Polster=
stuhl am Fenster, blickte hinaus nach dem Felde
und ließ endlich mit dumpfem Seufzen den Kopf
in die aufgestützte Hand sinken.

„Dich drückt ein ſchweres Leid, Joachim,"
redete Tobias den Sohn an. „Du haſt doch
nicht Streit mit einem Deiner Mahlgäſte be=
kommen und Dich an ihm vergriffen?.. Be=
denke, lieber Sohn, wie oft ich Dich gebeten
habe, Deine Hitze nicht Herr über Dich werden
zu laſſen!"

Joachim ſchlug die Füße über einander und
ſtieß dabei eins der morſchen Beine des kleinen
Tiſches ab, auf den ſein Arm ſich ſtützte. Wie
das alte Möbel unter ihm zu wackeln begann,
brach er es vollends mit einem gewichtigen Druck
ſeiner ſtarken Hand zuſammen, ſtand auf, legte
die Hände auf den Rücken und ſagte:

„Verzeih', Vater, mein bäuriſches Ungeſchick!..
Sollſt einen anderen und einen beſſeren Tiſch ha=
ben!.. Wie ſteht's drüben in der neuen Welt?..
Ludwig hat ja geſchrieben."

„Das weißt Du?" fiel die Mutter ein, den
aufgeregten Sohn mit beſorgtem Auge betrachtend.
„Und darum biſt Du ſo mürriſch?... Ach, das
thut weh, guter Joachim!.. Ein Mutterherz
krümmt ſich vor Schmerz, wenn es Geſchwiſter
unter einander neidiſch ſieht!"

„Was Du Dir Alles einbildeſt, Mutter!"
erwiderte Joachim, ſich zu einem Lächeln zwingend.

„Geht es dem Bruder gut in der neuen Welt, so gönn' ich's ihm von ganzem Herzen. Ich bin nicht so neidisch, wie Du glaubst, wenn ich auch über anderer Leute Glück nicht jubiliren kann, wo mir der Teufel alle Tage ein Bein stellt... Was schreibt Euch Ludwig?"

Er streckte sich, daß die Gelenke knackten, und setzte sich auf die schmale Bank am großen Kachelofen, der fast an die gebräunte Holzdecke des Zimmers stieß.

Tobias war niedergekniet und machte sich noch mit dem zerbrochenen Tische zu schaffen, dessen Verlust ihm doch nicht ganz gleichgiltig war, weil er sein halbes Leben lang daran gesessen hatte.

„Wer sagte Dir, daß wir einen Brief aus Amerika hätten?" fragte Rahel den Sohn, indem sie eine weiße Serviette über den viereckigen großen Lindentisch breitete, an welchem das alte Ehepaar zu speisen pflegte.

„Ich sprach den Postboten, als ich an der Heidenlehne vorüberfuhr," versetzte Joachim. „Er mochte mir's ansehen, daß eine gute Nachricht mir Noth thue, denn ich war innerlich recht rabiat und bin's auch noch. Schreibt aber Einer tausend Meilen weit an seine Angehörigen, so ist immer anzunehmen, daß er Gutes zu melden hat. Will sich Jemand aufhängen oder den Hals abschneiden, so läßt er das vorher gewiß durch keinen Ausrufer bekannt machen."

„Hattest Du Geschäfte in der Kreisstadt?" fragte Tobias, der sich des Sohnes eigenthüm= liches Wesen noch immer nicht erklären konnte.

„Sonst käme ich nicht des Weges," lautete Joachim's barsche Antwort. „Ich werde gleich davon sprechen, wenn ich erst weiß, was die Ueber= seeischen machen."

„Soll ich ihm den Brief geben?" fragte Rahel.

Tobias nickte.

„Er hat bessere Augen als wir," sagte er, „Licht aber wirst Du doch zuvor anzünden müssen, denn es wird rasch schummrig. Am Ende giebt's während der Nacht noch ein Wetter; es war den ganzen Tag über schwül."

Rahel folgte der Weisung ihres Gatten. Dieser schloß das Pult auf und reichte das Schreiben des ausgewanderten Sohnes dem da= heim gebliebenen, welcher dasselbe aufmerksam durchlas.

„Bruder Ludwig ist ein Glückspilz, ich sag's ja," sprach er, den Brief seinem Vater wieder zurückgebend. „Zu drei eigenen Häusern hat

er's schon gebracht und nun will er noch eine
Fabrik dazu anlegen!.. 'Sist zum Verrücktwerden,
wenn ein Mensch mit gesunden Knochen nicht
kann, wie er will!.. Ein Leben in den Pampas
unter den Gauchos, oder wie die Kerl's heißen,
das wäre ein Wirkungskreis für mich!.. Mein
Geist kann, eingesperrt in diese auf allen Seiten
luftdicht geschlossene Retorte, nie und nimmer
zur Ruhe kommen!.. Wirst Du selbst antworten,
Vater, oder soll ich's statt Deiner thun?.. Ich
habe große Lust, dem Bruder einen Vorschlag
zu machen, wenn sie's hier zu arg treiben."

„Könntest Du Deine alten Eltern verlassen?"
fragte Tobias den finster blickenden Sohn. „Gar
zu viel Zeit wird uns Beiden auf Erden nicht
mehr gegönnt sein. Aber ich habe immer ge=
glaubt, daß Du mir die Augen zudrücken sollst."

Das war eine Aeußerung, welche Joachim
sichtlich an's Herz griff. Er antwortete nicht
darauf, sondern stieß, wie er das immer that,
wenn er sich aus einer Verlegenheit mit Worten
nicht gleich zu helfen wußte, die Füße gegen je=
den erreichbaren festen Gegenstand, als vermöge
dieser Antwort zu geben. Endlich faßte er sich
zusammen und überrumpelte den Vater mit der
abrupten Frage:

„Soll ich Dir 'was Neues erzählen, und zwar etwas, das noch nicht dagewesen ist unter der Sonne?"

„Das wäre in der That 'was Neues, mein Sohn," erwiderte der Schulhalter, „und es zu erfahren, könnte auch ich mich noch zu einer neugierigen Gegenfrage verleiten lassen."

„Die will ich Dir ersparen," fuhr Joachim fort. „Es war heute Gerichtstag in der Kreisstadt. Weil ich das wußte und mich unter der Hand auch schon früher über den Stand der Angelegenheit meines Freundes erkundigt hatte, litt es mich nicht im Hause. Die Sache ist nun entschieden..."

Rahel ließ Messer und Gabel fallen, die sie eben auflegen wollte, und blieb mit gefalteten Händen am gedeckten Tische stehen. Tobias richtete seine Augen still fragend fest auf den Sohn. Da dieser schwieg, sagte er halblaut:

„Schon entschieden? Das ist ja kaum denkbar."

„Eben darum behaupte ich, daß Dinge geschehen, die noch nicht dagewesen sind," entgegnete Joachim. „Der Mann ist heute verurtheilt worden."

„Und schuldig befunden?" fiel die Mutter ein.

„Unschuldige kann das Gericht nicht verurtheilen," sagte Joachim mit kalter Ruhe, indem er sich den Schweiß von der Stirn wischte. „Sie wollten ihn erst gnädigst einen Kopf kürzer machen und dann auf's Rad flechten. Aber ich will ewig verdammt sein — setzte er aufbrausend hinzu — wenn dem Caspar geschieht, was diese Gesetz= ausleger beschlossen haben! Eher soll Rothstein lodern und Alteneck in Asche sinken!"

„Joachim, Joachim!" warnte Tobias, seine abgemagerte Hand auf den heißen Scheitel des Sohnes legend, der bei den letzten Worten sein Antlitz auf die über den Tisch gekreuzten Hände drückte. „Vergehe Dich nicht mit sündhaften Worten, sondern laß die Vernunft walten!.. Es ist das erste Erkenntniß, mein Sohn! Dabei beruhigt sich Caspar's Vertheidiger nicht... Das letzte Urtheil wird erst gefällt, wenn alle Instan= zen durchgemacht sind... Laß Dich doch nicht erschrecken! Wozu gäbe es denn pfiffige, rechts= kundige Advocaten, wenn sie einem armen Teufel nicht aus der Patsche helfen könnten, in die er nur durch ein paar unvorsichtige Redensarten gerathen ist?.. Dem Buchstaben des Gesetzes müssen die Richter freilich Rechnung tragen..."

Unter dem Schluchzen Joachim's zitterte der Tisch. Auch der Mutter rannen die hellen Thränen

über die gefurchten Wangen herab. Nach einer
Weile richtete sich Joachim wieder auf... Er
weinte nicht mehr, aber seine Stimme klang matt
und gebrochen, als er zu dem greisen Vater ge=
wandt sprach:

„Fünf Jahre lang sind wir Nachbarn gewesen
hier in dieser Stube, Vater!... Dort in der
Ecke, wo jetzt das Spinnrad der Mutter steht,
war unser Platz... Weil die Bank nicht lang
genug war, holte ich für uns Beide immer den
Ofentritt aus der Küche, der für uns gerade
paßte... Keine Birne, keinen Apfel, keine frische
Gurke und keine Rübe aß einer von uns allein,
der Andere mußte immer mit zubeißen, sonst
schmeckte es weder dem Caspar noch mir... Hatte
aber einer von uns aus Leichtsinn oder kindi=
schem Uebermuth 'was ausgefressen, dann —Du
weißt es, Vater — prügelten wir uns um die
Strafe, die dem Schuldigen zudictirt ward...
Das mag kindisch gewesen sein, ich geb's zu, mir
aber quoll's aus dem Herzen und dem Caspar
auch, und lieber hätte ich mir selber einen Finger
abgehackt, als dem Caspar ein Haar krümmen
lassen um nichts und wieder nichts. Denn ich
liebte ihn wahrhaftig und von ganzer Seele,
weil er gut war und brav, wie ein rechter Mensch

sein soll. Und nun wollen ihn ein paar gott=
verfluchte Halunken zum Mordbrenner machen!...
Er ist unschuldig wie die Sterne am Himmel,
und wenn sie meinem Freunde, von dem ich nicht
lasse, an den Hals gehen, so thue ich etwas, das
zum Himmel schreien soll, so lange er sich wölbt
über diesem irdischen Sodomsballe!"

Der kräftige junge Mann war in seiner
edlen Zornesaufwallung schön zu nennen. Seine
grauen blitzenden Augen sprühten Feuer, die
Nasenflügel zitterten, durch den frischen Purpur
der Lippen leuchtete das Elfenbein der Zähne,
und auf der hohen braunen Stirn sträubte sich
das Haar. Mit beiden Händen sich auf den Tisch
stützend, irrten die rollenden Augen vom Vater
zur Mutter...

„Du machst Dich und uns unglücklich, Joachim,
wenn Du so ein Knecht Deiner heftigen Gemüths=
art wirst," sprach Tobias besänftigend. „Denke
an Dein junges Weib, an Deine einzige Tochter!"

„Ich denke an Caspar's junges Weib und an
dessen einziges Kind," erwiderte er, „und darum
vergaß ich für Augenblicke, daß ich selbst Gatte
und Vater bin... Ich müßte mir die Augen
ausschlagen, hätte ich der Verlassenen, der Ver=
rathenen nicht gedacht!"

„Verkenne mich nicht, lieber Sohn," ergriff Tobias abermals das Wort, als Joachim seinen Sitz am Tische wieder einnahm. „Ich will Dein Bestes, davon wirst Du überzeugt sein, und darum ist es meine Pflicht, daß ich warnend meine Stimme erhebe, wenn ich zu bemerken glaube, daß Du im Begriff stehst, Dir selbst schweren Schaden zuzufügen... Einem Freunde in der Noth treu bleiben, Opfer für ihn bringen, ihn gegen jede Verkleinerung seiner Verdienste vertheidigen, ist edel, und ich werde gewiß der Letzte sein, der Dich deshalb tadeln wird. Blinder Eifer aber, mein Sohn, und unüberlegtes Handeln im Affect führt nie zum Ziele!.. Du sollst Deinen Freund, den ich noch lange nicht aufgebe, nicht vergessen, aber Du sollst Dich und die Deinen lieb haben, damit Du ihnen nützen kannst!... Vermagst Du Dich zu überwinden, so werdet Ihr, wie ehedem auf der Schulbank, noch manchen Apfel gemeinsam und in gutem Frieden mit einander verzehren."

Ein Lächeln verklärte die milden Züge des alten Mannes, der den erbitterten Sohn gefahrvolle Wege einschlagen sah.

„Willst Du die Worte Deines alten Vaters beherzigen?" fuhr er fort. „Sieh' dort die

Mutter, die so viel um Dich gelitten hat — denn
Du warst in den ersten Jahren Deines Lebens
ein schwächliches Kind, das vieler Pflege bedurfte
— und uns fehlte es oft an Zeit, Dich zu pfle=
gen! Eine Mutter aber weiß immer Zeit zu
schaffen, wenn einem Kinde Gefahr droht. Darin
ahmt sie der Vorsehung nach, die auch Niemand
verläßt, es sei denn, er wende ihr fluchend den
Rücken!... Deine Mutter spricht nicht, ihr Auge
nur ruht bittend auf Dir. Und es ist dasselbe
Auge, Joachim, das Dich suchte, wenn Du das
Haus heimlich verlassen hattest, das liebevoll
Deinen Schlummer behütete, wenn der Engel
der Krankheit, der auch nur unser Bestes will,
im Vorüberwandeln Dich streifte."

Diese bittenden Worte des milden Vaters er=
weichten das Herz des grimmigen Sohnes. Mit
starken Armen umschlang Joachim erst den Vater,
dann die Mutter, die des Sohnes bärtige Wange
sanft streichelte.

„Ich will nicht schlecht werden, gewiß und
wahrhaftig nicht!" rief er und preßte die alte
Mutter noch einmal an seine breite Brust. „Aber
ich kann auch nicht zugeben, daß man Andere,
die gut sind, aus niederer Rachsucht schlecht
macht!... Diese Bestien hängen zusammen wie

Kletten!... Hat der Eine eine Schufterei sich
ausgesonnen und ist sie ihm gelungen, so deckt
ein Anderer ihm gewiß den Rücken, sowie die
Welt etwas davon wittert. Eben darum hasse
ich die ganze Brut und wollte, sie wäre vermale=
deit auf ewig!"

„Wen meinst Du?" fragte Tobias, der den
Versicherungen des Sohnes noch nicht recht traute.

„Von Jenen spreche ich, die Du immer ver=
theidigest," fuhr Joachim fort. „Sie taugen
Beide nichts, der Baron so wenig wie der Graf,
in ihren Neigungen aber sind sie sich ähnlich wie
Zwillingsbrüder!... Du wirst mir Recht geben,
wenn Andrea erst einmal den Mund zu öffnen
wagt. — Und ich ruhe nicht eher, bis die Schwe=
ster wieder mit guter Manier das Schloß ver=
lassen kann. Das Glück ihres ganzen Lebens
kann davon abhängen!"

„Dich quälen fixe Ideen," entgegnete Tobias
Helfer. „Der Graf hat seine Fehler und große
Schwächen, Deine Schwester aber hat von ihm
nichts zu befürchten. In dieser Beziehung ver=
leumdet ihn die Welt!"

Joachim schüttelte finster sein stark behaartes
Haupt, indem er unverständliche Worte in den

Bart murmelte und die Hand nach seiner Mütze ausstreckte.

„Du willst doch nicht schon wieder fort?" fragte die Mutter.

„Ich muß," antwortete der Sohn. „Es wartet meiner heute noch ein schweres Geschäft."

„Heute noch, Joachim? Die Nacht bricht ja bereits herein!"

„Spanne den Fuchs aus und bleibe bei uns!" redete ihm der Vater zu. „Es ist besser, Du sprichst Dich ganz gegen uns aus. Morgen früh ist's Dir dann leichter um's Herz, Dein Blick ist klarer und Dein Urtheil unbefangen... Was Du heute auch unternehmen magst, es wird immer den Stempel der Leidenschaftlichkeit an sich tragen."

„Ich darf und kann nicht länger zögern, Vater," erwiderte Joachim pressirt. „Mich bindet ein altes Versprechen, und das muß ich halten wie ein Gelübde! Aber Du hast mein Wort!.. Ich werde nicht schlecht werden und Euch keine Schande machen!"

„Du willst nach Alteneck?" fragte ängstlich die Mutter.

„Gewiß und wahrhaftig nicht!" betheuerte der Sohn. „Meinst Du, ich vermöchte ruhig zu

bleiben, wenn ich heute in die verzerrte Teufels=
fratze blickte, die mir höhnisch in's Gesicht lachen
würde?"

„Grüße Dein Weib und Dein Kind, lieber
Sohn, und bleibe meiner Mahnung eingedenk!"
sagte Tobias, Joachim's Hand erfassend. „Laß
ihn, Mutter, und vertraue Gott! Er ist ein
Mann, wir dürfen ihn nicht bevormunden wollen.
Und hat er eine Verpflichtung übernommen, so
darf er sich nicht kleinmüthig zurückziehen. Gehe
hin in Frieden, mein Sohn, unsere Bitten und
Wünsche geben Dir das Geleit!"

„Auf baldiges Wiedersehen!" sprach Joachim,
eilte zu seiner Kalesche, erfaßte den Zügel und
trieb sein Pferd durch anfeuerndes Pfeifen zu
schnellem Trabe an.

Tobias Helfer und seine Frau sahen dem
Sohne nach, bis das klappernde Gefährt desselben
hinter den Ackergeländen in nebelerfüllter At=
mosphäre verschwand.

13*

2.
Joachim und Else.

Tiefe, schweigende Nacht lag über den dam=
pfenden Thälern und moorigen Wiesen, durch die
sich ein wenig betretener Pfad nach den walbigen
Bergen schlängelte, die jetzt in finsteres Schwarz
gehüllt waren. Im Süden wetterleuchtete es
schwach über den Bergen, das dumpfe Rollen
fernen Donners aber warb nicht vernommen.
Im Zenith gewahrte man durch langsam ziehende
Nebelschleier an einzelnen Stellen flimmernden
Sternenschein.

Ein einsamer Reiter jagte auf schnaubendem
Roß den gewundenen Pfad entlang. Auf dem
meist feuchten, wenn schon festen Boden hörte
man nur selten den Hufschlag des Pferdes, was
den Reiter und sein Thier wie körperlose Schat=

ten erscheinen ließ, die überdies noch zu häufig
in dem flirrenden Nebelgewebe für einige Zeit
verschwanden.

Wir erkennen in dem späten Reiter Joachim
Helfer, den zweiten Sohn des in Ruhestand ver=
setzten Schulhalters. Er kommt von seiner Pach=
tung, jener Windmühle, deren Flügel im Hause
seines Vaters sichtbar waren. Bei Weib und
Kind hatte sich Joachim nicht lange aufgehalten.
Er überzeugte sich von Beider Wohlbefinden,
sattelte das Pferd und trat den nächtlichen Ritt
nach den Bergen mit der Bemerkung, die seiner
Frau galt, an, daß er vor Tagesanbruch schwer=
lich zurückkommen werde.

Am steinigen Ufer des Bergwassers angekom=
men, an dessen Rande Caspar Spät's Haus lag,
fiel ihm zuerst die hölzerne Figur in's Auge,
welche anscheinend das Schöpfrad in Bewegung
setzte, obwohl gerade das Gegentheil der Fall
war. Es war dieselbe Schnitzerei, mit der wir
Caspar beschäftigt fanden, als er den Besuch
Latte's und von diesem die ihn entrüstende Ein=
ladung, nach Alteneck zu kommen, erhielt. Der
hölzerne Hampelmann, dem Caspar mit grellen
Farben ein menschliches Gesicht gemalt hatte,
sollte nach der Behauptung Vieler eine Aehn=

lichkeit mit den verwitterten, scharfkantigen Ge=
sichtszügen Adam's von Alteneck haben, was dem
armen Tischler nach seiner Verhaftung und nach
der schweren Anklage, die gegen ihn vorlag, als
absichtliche Beleidigung des Barons angerechnet
wurde.

Joachim wußte um diese neue Beschuldigung
seines unglücklichen Jugendfreundes, und er hätte
die alberne Figur, die wider Erwarten eine
Rolle in dem Processe gegen Spät führen sollte,
gern beseitigt, wäre dies gestattet worden. Auf
ausdrücklichen Befehl des Gerichts mußte sie
da bleiben, wo der Tischler sie aufgepflanzt hatte,
und Joachim, wie Alle, welche Caspar Spät wohl=
wollten und ihn für unschuldig hielten, ärgerte
sich über den gemalten Hampelmann, so oft er
denselben erblickte.

Heute war dem Sohne des Schulhalters die
Fratze ganz besonders zuwider. Sie reizte seinen
Zorn dergestalt, daß er einen gewichtigen Hieb
seiner schweren Reitpeitsche gegen den hölzernen
Schädel führte, dann sein Pferd parirte, es über
den Steg geleitete, welcher das rauschende Was=
ser überbrückte, und es an dem Stacket festband,
das den sauber gepflegten Blumengarten des
Tischlers einhegte.

Die Läden vor den Fenstern waren geschlossen, aber es schimmerte Licht durch die Spalten. Joachim klopfte mit dem unteren Ende seiner Reitpeitsche an die Holzwand und sagte:

„Ich bin's, der Müller vom Lerchenstein."

Ein unterdrücktes Ach! folgte dieser Anmeldung; dann ward die Thür geöffnet und zwei weiße Frauenhände streckten sich dem späten Besuche entgegen.

Joachim Helfer folgte Else in das Wohnzimmer, das früher auch Caspar's Werkstätte gewesen war. An der Wand stand noch die jetzt verwaiste Hobelbank. Darüber hingen an großen Holzpflöcken Sägen verschiedener Größe und auf Borten waren eine ganze Reihe Hobel aufgestellt, um die jetzt Spinngewebe zitterten.

In der Mitte des Zimmers stand ein schmaler Tisch, über welchen eine kleine Lampe mit blechernem Schirm hinreichendes Licht verbreitete, um die feine Stickerei sehen zu lassen, an welcher Else, oft genug unter Seufzen und strömenden Thränen, emsig arbeitete. Im Winkel, wohin das Licht der Lampe nicht drang, schlummerte das Kind des eines schweren Verbrechens angeklagten Vaters.

Else sah bekümmert und leidend aus, schien aber körperlich noch ziemlich kräftig zu sein.

„Haben Sie meinen armen Mann gesprochen?" redete sie den Graupenmüller an, dessen Freund=schaft für Caspar sie kannte und in dessen Ehr=lichkeit und guten Willen sie volles Vertrauen setzte. „Wie geht es dem Guten?... Ist sein Muth noch ungebrochen, und hält ihn die Hoffnung, daß die Wahrheit doch endlich an's Licht kommen muß, noch aufrecht?"

Joachim zog sich einen Schemel an den Tisch, nahm rittlings darauf Platz, legte beide Arme auf die Lehne und betrachtete scheinbar mit Auf=merksamkeit die halb beendigte Stickerei der fleißi=gen Frau.

„Die Herren vom Gericht waren so gnädig, mich ein paar Worte mit meinem Freunde wechseln zu lassen," erwiderte er bitter, indem er sein starkes, krauses Haar steil aus der Stirn strich. „Es fehlt ihm, Gott sei Dank, nichts, als frische Luft und die Freiheit; auch theilt er meinen Glauben, weil ich das als sein Freund von ihm verlange."

„Sie haben also doch Hoffnung?" warf Else ein, indem sie mit leicht zitternder Hand die Nadel wieder zu rühren begann. „Ach, mir ist

das Herz so schwer, und nirgends, nirgends kann
ich Rettung aus dieser grausamen Noth erblicken!..
Er war nicht im Hause in jener Unglücksnacht,
und ich habe Niemand, welcher den Beweis zu
liefern vermag, daß die Aussagen der Landstreicher,
die ich leider Tags zuvor ihres zudringlichen
Wesens wegen vom Hause wies, der Wahrheit
zuwider laufen... O, wäre ich doch das einzige
Mal barmherzig gewesen! Ich bin es sonst immer
und kann Niemand leiden oder darben sehen.
Und hätte doch der gute, liebe Mann den rach=
süchtigen Baron damals, als er mich verfolgte,
nicht so gröblich beleidigt!.. Ich hätte mich seiner
wohl erwehrt, denn er ist feige, wenn man ihm
recht grimmig entgegen tritt... Die alte Bar=
bara bringt ihn durch einen bloßen Blick schon
zum Zittern, und wenn sie will, bannt sie ihn
fest auf einen Fleck, daß es fast unheimlich an=
zusehen ist."

„Ich habe davon gehört," entgegnete Joachim,
„und ich hoffe, es kommt noch eine Zeit, wo sich
aus dieser Feigheit, die ihren Ursprung in einem
bösen Gewissen haben dürfte, für Caspar's An=
gelegenheit Capital wird machen lassen. Geschadet
kann mein Freund sich haben durch unbedachte
Redensarten wie durch rücksichtsloses Handeln.

Dem ſetzen ſich ehrliche Leute in dieſer von Schlech=
tigkeiten aller Art vergifteten Welt immer
aus. Deshalb aber brauchen wir noch nicht zu
verzweifeln... Etwas wollen wir uns, ohne die
Hände müßig in den Schooß zu legen, doch auf
unſern Herrgott verlaſſen... Ich bin wahrhaftig
keiner von den Kopfhängern, den Betbrüdern
und den religiöſen Quertreibern, und könnt' es
eben ſo wenig wie Caspar meinem alten braven
Vater zu Dank machen. Wenn ich aber auch
Sonntags nicht regelmäßig dem näſelnden Pfarrer
auf ſein wackelndes Maul ſehe — verſtehen kann
man ja doch nichts —, an eine waltende Vor=
ſehung und an eine göttliche Gerechtigkeit im
Himmel wie auf Erden glaube ich doch. Und
darum ſage ich: Caspar ſoll und wird nicht zu
Grunde gehen!"

„Wenn ihn aber das Gericht ſchuldig findet?
Wenn es ihn verurtheilt?"

Joachim ſah ſtarr vor ſich hin und ſagte
tonlos:

„Das iſt heute geſchehen!"

„O, meine Ahnung!" jammerte Elſe. „Mein
Mann, der Vater meines Kindes, als Mordbrenner
verurtheilt!"

Sie ließ die Stickerei sinken und legte, in leises Weinen ausbrechend, beide Hände über ihre Augen.

Joachim schwieg, bis die tieferschütterte Frau wieder einige Fassung gewonnen hatte. Mit bebender Stimme fragte sie:

„Wie lautet das Urtheil, Joachim?"

„Traurig," erwiderte dieser. „Auf Mord= brennerei steht Todesstrafe, und diese hat das Gericht dem unschuldigen Caspar zuerkannt. Aber er soll nicht sterben, ja sie sollen ihm nicht einmal ein Haar krümmen!" setzte er hinzu und sein Auge glühte in edlem Zorne.

„Wer wird sich des Aermsten annehmen?" fiel Else ein. „Caspar fehlen mächtige Freunde und Beschützer... Diejenigen, welche möglicher= weise etwas für ihn thun könnten, gerade diese hat er durch seine rücksichtslose Wahrheitsliebe sich zu Feinden gemacht."

„Besitzt er in mir nicht einen Freund?" ent= gegnete Joachim barsch. „Weit reichende Ver= bindungen freilich habe ich nicht, das Herz aber sitzt bei mir auf dem rechten Flecke, und daß ich kein Feigling bin, wissen Herren und Knechte... Caspar soll und wird nicht sterben, ich wieder= hol' es!"

„Sie wollen meinen unglücklichen Mann befreien?" sagte Else und blickte mit ihren großen,
schönen Augen den Sohn des Schulhalters fragend an, während sie tief aufathmete und ein
Wetterleuchten der Hoffnung über das bleiche,
sorgenvolle Antlitz zuckte.

„Mit List oder Gewalt, wenn er nicht eigensinnig ist!" erwiderte Joachim. „Ich schwör'
es, so wahr Gott mir barmherzig sein möge in
meiner letzten Stunde!"

Ein pfeifender Ton schlug schrillend an die
Fenster. Else fuhr erschrocken zusammen.

„Wenn ein heimlicher Lauscher Ihre Betheue-
rungen gehört hätte!" klagte sie. „Die bösen
Menschen würden auch Sie in's Gefängniß
werfen!"

Joachim war schon an die Werkstatt geeilt,
um Fenster und Laden schnell aufzustoßen. Der
schrille, pfeifende Ton wiederholte sich noch
stärker.

„Es ist der Gewitterwind, der die Häupter
des Waldes beugt," sagte er, das Fenster wieder
schließend. „Für furchtsame Schleicher und be-
zahlte Lauscher ist heute ohnehin kein Tag. Die
Furcht versperrt ihnen den Weg vom Dorfe her-

auf, wo es der Sage nach in heutiger Nacht bei
den sieben Fichten umgeht."

Else antwortete nicht. Sie kniete an der
Wiege des schlafenden Kindes nieder und sprach
mit gefalteten Händen ein stilles Gebet. Drau=
ßen erhob sich der Wind immer stärker, und ein=
zelne Blitze, denen jedoch kein Donner folgte,
erleuchteten grell die finstere Nacht... Joachim's
Pferd wieherte und schlug ungeduldig den Boden
mit den Vorderhufen.

„Es ist Zeit für mich, an die Heimkehr zu
denken," sagte Joachim, die Reitgerte von der
Werkstatt nehmend. „Was Sie erfahren mußten,
wissen Sie jetzt, und das Geschwätz des großen
Haufens, der sich über Alles, selbst über das
Unglück des Gerechten freut, kann Sie nicht mehr
erschrecken. Es' war der Auftrag, den ich per=
sönlich auszurichten meinem Freunde feierlich ge=
lobt habe. Was nun weiter geschieht, kann mir
nicht verborgen bleiben, denn Caspar's Anwalt
ist ein ehrlicher Mann, der viel darum gäbe,
ließe sich die Unschuld desselben durch Thatsachen
beweisen. Vorerst muß die Sache in die Länge
gezogen werden, damit wir Zeit gewinnen. Das
Urtheil stützt sich blos auf Verdachtsgründe, und
das ist eine Stütze, die ein unbedeutender Zufall,

ein leiser Hauch zerbrechen kann... Noch leben
zwei Menschen, die vielleicht im entscheidenden
Augenblick Hülfe schaffen. An Beide wende ich
mich, sobald ich ruhig in mir selbst geworden
bin. Gehabt Euch wohl!... Ist's nöthig, so
klopfe ich ungerufen wieder an."

Er drückte Else flüchtig die Hand, schwang
sich in den Sattel und setzte sein Thier sofort in
scharfen Trab. An der sich auf und nieder
bückenden Figur am Schöpfrade konnte er doch
nicht vorüberreiten, ohne deren hölzernen Schei=
tel mit einem schweren Schlage seiner Reitpeitsche
zu treffen.

3.
Achim von Rothstein.

———

Um dieselbe Zeit saß Graf von Rothstein in einem Erkerzimmer seines Schlosses, beschäftigt mit der Durchsicht alter Papiere. Ein Zufall, nicht Bedürfniß oder das Verlangen, Ordnung in längst vergessene Correspondenzen zu bringen, hatte ihm diese in die Hände gespielt. Moosdörfer, welcher dem Grafen die gewünschte Summe baar zu schaffen versprochen, drang auf Einsicht gewisser Documente, auf welche Rothstein sich berief, und diese Documente lagen nebst einer Unmasse anderer Schriften in einer Schatulle, welche der Graf seit Jahren nicht mehr geöffnet hatte. Der Eigensinn Moosdörfer's, der ohne vorausgegangene Einsicht der betreffenden Documente, von denen er sogar eine Abschrift ver=

langte, die begehrte Summe nicht schaffen zu
können behauptete, zwang ihn, die Schatulle her=
vorzusuchen. Er that es ungern, denn er wußte,
daß ihm die Eröffnung derselben einige böse
Stunden machen werde.

Diese Ahnung trog den Grafen nicht. Bei
dem Anblick zweier Bündel mit ihrer vergilbten
Inlage entstiegen der Schatulle unheimliche Schat=
ten, die ihn an längst vergangene Tage mahnten.
Und er mußte diese Bündel berühren und auf=
nehmen, weil das, was er suchte, auf dem un=
tersten Boden der Schatulle lag.

Der Graf grollte sich selbst, daß er, einer
dämonischen Macht nachgebend, eins der Bündel,
und zwar das älteste, mit zitternden Fingern
öffnete und einige der vergilbten Blätter, die es
enthielt, las. Er konnte nicht widerstehen, er
mußte, wie hart es ihm auch ankam. In solchen
Momenten, wo der Wille des Menschen von
einer höheren Macht gleichsam in Fesseln gelegt
wird, klopft die Vorsehung an sein Herz, und
die Stimme des Gewissens ruft laut seinen Na=
men, damit er sich ermanne und den Stricken
der Sünde sich entwinde. Graf von Rothstein
empfand dumpf diese Macht und vernahm die
mahnende Stimme des Gewissens, dieser aber zu

folgen und jener Macht sich zu beugen, gestattete ihm der Hochmuth nicht, dessen gehorsamer Knecht er war.

Der Wind, der pfeifend an den scharfkantigen Vorsprüngen des Schlosses rüttelte, und das grelle Wetterleuchten, das oft den ganzen Horizont in ein Meer rollender Flammen verwandelte, versetzte den Grafen nach Rußland zurück. Das brennende Moskau stand plötzlich vor seinem Auge; er fühlte wieder den zaghaften Schritt seines scheuenden Pferdes, das über halb verbrannte Leichname stolperte und kaum mehr Zügel und Sporn gehorchte... Dann wieder wehte es ihn eisig kalt an, und die drei mittelsten Finger der linken Hand, die Kapseln von dünnem Silber trugen, schmerzten ihn wie damals, als er sich die erfrorenen Glieder in einer elenden Hütte Volhyniens abnehmen lassen mußte...

Man sah es den Gesichtszügen des Grafen an, daß er nicht blos körperliche Schmerzen fühlte, sondern daß er auch geistig litt. Sein langer grauer Schnurrbart — er hatte ihn während des stundenlangen Suchens zu färben vergessen — hing schlaff zu beiden Seiten des Mundes herab; die trüb werdenden Augen irrten unruhig von einem Gegenstande zum andern und blieben bald auf den Fenstern, die im Leuchten der Blitze funkelten, bald auf der Thür haften, hinter der sich manchmal etwas zu regen schien.

„Sie sind Beide umgekommen, wie so viele Tausende," sprach er, sich wieder fassend und einen der alten Briefe zerknitternd, von denen er einzelne unter Seufzen und Herzklopfen gelesen hatte. „Was galten in jenen Tagen der Noth und des Grausens ein paar Menschenleben?.. Wo alle Bande der Ordnung gelöst sind, tritt das alte Chaos wieder ein, und es geht verloren oder zu Grunde, wen nicht der Zufall rettet!... Ich habe keine Schuld an den Freveln und Unthaten jener Tage, wo Wahnsinn und Raserei die Welt regierten..."

In weiter Entfernung ließ sich ein Ton hören, der wie das schwache Echo lauten Lachens klang. Der Graf wandte sein faltiges Gesicht dem Fenster zu und legte die Bündel wieder in die Schatulle.

„Daß der Schall sich des Nachts, selbst wenn in der Natur nicht gänzliche Ruhe herrscht, so weit fortpflanzt, ist doch fatal," fuhr er in seinem Selbstgespräche fort. „Man wird so oft ohne Noth erschreckt, wenn man auch von Natur nicht schreckhaft ist... Und wer Moskau kalten Auges in Asche sinken sah, wer nicht zagte an den Ufern

der Beresina, den darf man auch nicht furchtsam
schelten!.. Dennoch erschrecke ich, so oft ich Je=
mand unerwartet lachen höre... Was ist doch der
Mensch für ein unvollkommener Organismus..."

Er schloß die Schatulle und stellte sie in einen
verborgenen Wandschrank, den eine verschiebbare
Tapetenwand deckte. Dann legte er die alten
Documente, deren Einsicht Moosdörfer so dringend
forderte, in ein Fach seines Schreibtisches und
nahm in dem bequemen Lehnstuhle vor demselben
Platz.

Draußen war es ruhiger geworden; der Wind
hatte sich gelegt, und das Wetterleuchten vermin=
derte sich.

Achim von Rothstein sah starr vor sich hin,
den Kopf auf die Hand gestützt, und hing seinen
Gedanken nach. Da ließ sich Musik hören, die
aus einem tiefer gelegenen Zimmer des Schlosses
kommen mußte. Der Graf ballte die Hand und
drückte sie gegen die Stirn.

„Verdammte Angewohnheit der störrigen
Dirne!" murmelte er, die langen Enden des
Schnurrbarts kräuselnd. „Daß sie auch gerade
die Harmonika spielen muß!.. Dies widerwärtige
Instrument, das mich so unzählige Male aus
dem Schlosse trieb, und bei deren Klängen Isabella

14 *

ihren trüben Geist aufgab!.. Ich sehe sie noch
sitzen mit dem leicht zur Seite gebeugten Haupte,
den abgezogenen Trauring zwischen den erkalteten
Fingern... Sie mußte gleich nach der Verab=
schiedung des Alten gestorben sein!.. Wenn ich
wüßte, daß sie mir gehorchte, würde ich dem
Mädchen das Spielen der alten Harmonika ver=
bieten; aber ich fürchte, durch ein solches Verbot
verschlimmere ich nur meine Lage und entferne
mich immer weiter von dem Ziele, das ich ver=
folge... Schon jetzt weiß ich mich der Dränger
kaum mehr zu erwehren, von denen mir der Eine
so unbequem ist wie der Andere... Heute ver=
suchte der alte Narr im Schafspelze zu mir zu
bringen, und morgen werde ich Mühe haben, den
Graupenmüller abzuhalten, wenn das Gerücht wahr
spricht... Dem groben Schreiner zu Liebe macht
sich halb Hohen-Rothstein auf die Beine. Das
sind die Folgen der neuen Staatseinrichtungen
seit Entstehung des neuen Bürgerkönigthums!..
Man muß, um nicht für einen russischen Bar=
baren zu gelten, sich mit sogenannten Petitionen
todt werfen lassen. Will man sich dieser Zeit=
forderung nicht bequemen, so provocirt man bei
dem gegenwärtigen Stande der Gesittung Auf=
stand und Revolution... Ach, manchmal könnte

ich wünschen, gleich so vielen meiner braven Ka=
meraden in den Schneefeldern Rußlands umge=
kommen zu sein!.. Ich hätte dann weniger Drang=
sale zu ertragen gehabt, Drangsale, die mir die
letzten Jahre meines vielbewegten Lebens ver=
bittern!.."

Aus weiter Ferne klang es wieder wie dumpfes
Lachen. Der Graf sprang auf und umfaßte mit
der linken Hand den Armleuchter.

„Nein," sprach er, sich schnell wieder besinnend,
„es nützt ja doch nichts. Töne, deren Geburts=
stätte ein krankhaft construirtes Ohr ist, macht
kein Gebot und keine Untersuchung verstummen.
Das Uebel ist ein Andenken an den russischen
Feldzug... Ich will es standhaft ertragen und
thun, als ob ich nie von ihm heimgesucht würde...
Glücklicherweise werde ich ja des Nachts von
Niemand beobachtet, und am Tage befällt es mich
selten ..."

Er trat an's Fenster und sah in die dunkle
Nacht hinaus, die von Zeit zu Zeit noch von
zuckenden rothen Blitzen erleuchtet wurde. Das
Harmonikaspiel verstummte noch nicht. Die Ge=
sichtsmuskeln des Grafen zuckten krampfhaft, so
oft die Töne voller und ergreifender anschwollen.
Endlich schritt er schnell durch das Gemach und

zog heftig die Glocke. Als ein bereits schlaf=
trunkener Diener erschien, um sich nach dem
Begehr des Gebieters zu erkundigen, rief er ihm
ungeduldig zu:

„Die Mamsell soll den Glaskasten schließen
und den Kopf in die Federn stecken! Bin des
langweilig klagenden Geleiers überdrüssig und
bedarf der Ruhe!"

Nach einer kleinen Weile schwieg das Spiel.
Auf dem Schloßthurme schlug die zersprungene
Schelle mit eigenthümlich scharfem Schrillen des
Metalls die Mitternachtsstunde. Graf von Roth=
stein ergriff jetzt den Armleuchter und zog sich in
sein nahe gelegenes Schlafgemach zurück, wo der
Kammerdiener bereits seiner wartete und die in
mattgeschliffenen Glaskugeln brennenden beiden
Lampen, die der verwöhnte Graf seit Jahren
nicht mehr entbehren konnte, längst schon ange=
zündet hatte.

Am andern Morgen, als die Pforte des
Schlosses geöffnet wurde, saß der greise Schäfer
Clemens auf der obersten Stufe der Freitreppe.
Zwischen seinen Füßen lag der treue wachsame
Hund Flink, neben ihm lehnte der lange Stab,
dessen sich Clemens nicht sowohl als Stütze,
wie zum Aufwühlen der lockern Erde der Heiden=

lehne bediente. Er las in einem aufgeschlagenen
Buche und ließ sich in seiner Lectüre auch nicht
durch den sehr unfreundlichen Morgengruß des
Schloßbedienten stören, welcher die Stellung des
Pförtners und Castellans versah.

„Du bist zudringlich wie dürre Aehren, die,
wenn sie Einem in den Rockärmel fallen, immer
höher hinaufkriechen," brummte der gräfliche
Dienstbote, ein Mann in den mittleren Jahren,
der früher bessere Zeiten gesehen und ein eigenes
Haus besessen hatte. „Bist Du denn weder durch
Bitten noch Schelten todt zu machen? Der Herr
Graf wird rasend, wenn er Dich hier sieht!"

„Dann will ich lieber gleich in's Schloß gehen
und mich in Deinen Guckkasten setzen, Hans,"
erwiderte Clemens, die Bibel, in welcher er ge=
lesen hatte, schließend und nach seinem Stabe
greifend. Flink hob sich träg auf die Füße, be=
wegte den Schweif und knurrte. „Rasend möchte
·ich den Herrn Grafen nicht gern machen," setzte
er hinzu, „sprechen aber muß ich ihn. Es ist
die allerhöchste Zeit."

„Ich darf Dich Seiner Gnaden nicht melden."

„Dann muß ich es selbst thun."

„Wenn ich nur wüßte, weshalb Du Dich
immer in fremder Leute Angelegenheit mischest!"

„Weil ich in jedem Hülfsbedürftigen einen leidenden Bruder erblicke, Hans!"

„Eine curiose Liebhaberei, die Dir schwerlich viel eingebracht hat. Seine gräfliche Gnaden geruhen noch zu schlafen."

„Dann geruhe Du, den Langschläfer zu wecken. Ich wiederhole, meine Angelegenheit hat Eile!"

Der Pförtner schien dem Schäfer noch immer nicht rechten Glauben schenken zu wollen. Er sah hinüber nach dem Schloßthurme, um dessen alten, einen Drachen vorstellenden Wetterhahn schreiende Dohlen kreisten, und blickte dann seitwärts in das nebelerfüllte breite Thal, an dessen beiden Seiten sich der volkreiche Ort Hohen=Rothstein ausbreitete. Jenseit des Thales in dunstiger Ferne ragten die fünf Riesensteine der Feengruft auf der kahlen Heidenlehne in die frische Morgenluft, von der aufgehenden Sonne mit Purpur übergossen.

„An Deiner Stelle bliebe ich dort drüben in dem Steinpalaste, wo Keiner Dich stört und wo Du allein Herr bist," sagte Hans zu Lotto=Clemens, der, auf seinen Stab gelehnt, den Pförtner sehr unfreundlich anblickte. „Ich kann um's Brod kommen, wenn gräfliche Gnaden schlecht bei Laune sind. Und Du bist Keiner von denen, auf deren Kommen sich der gnädige Herr freut."

"So gieb Platz!" sagte der Schäfer und winkte seinem Hunde. "Die Morgenträume will ich Deinem Herrn bald verscheuchen. Paß auf, Flink!"

Der kluge, von Clemens ausgezeichnet geschulte Hund sprang mit großen Sätzen die Treppe hinauf, die zu einem getheilten, links und rechts abbiegenden Vorzimmer führte, das im Mittelbau des Schlosses diesen mit den beiden weitläufig gebauten Flügeln verband. Da zeigte sich an der offenen Thür dieses mit Fliesen ausgelegten Vorzimmers ein in Schwarz gekleidetes junges Mädchen, auf dem reichen dunkeln Haar eine leichte, blendend weiße Morgenmütze mit langen fliegenden Rosabändern. Das Mädchen war blaß, aber jugendfrisch, nur ließ ein melancholischer Zug um ihren kleinen wohlgeformten Mund sie über die Jahre ernst erscheinen. Flink wedelte mit dem Schweife, sprang an dem Mädchen in die Höhe und leckte ihre Hände.

"Andrea Helfer!" rief Clemens, die Stufen hinaufsteigend. "Gott segne Deine lieben Augen und beschütze sie vor jedem bösen Blick, in dessen unreiner Gluth sie ihren Glanz verlieren könnten! Du wirst einem alten Manne, der schon an Deiner Wiege für Dich betete, eine Bitte nicht abschlagen, zumal sie nur Gutes beabsichtigt. Ich wünsche den Herrn Grafen zu sprechen."

Andrea hüpfte die Treppe hinunter und streckte beide Hände dem Schäfer entgegen, während ihre Augen in feuchtem Schimmer erglänzten.

„Wie freue ich mich, Dich wieder zu sehen, alte treue Seele!" rief sie bewegt, dem Alten wiederholt die rauhen Hände drückend. „Wie gern hätte ich Dich aufgesucht bei Deiner Heerde, aber der Graf läßt mich bewachen wie eine Gefangene, die ich leider auch bin, obwohl es heißt, ich sei die Ausgeberin und könne thun und lassen, was ich wolle... Wie geht's meinen lieben, guten Aeltern?... Hat sich's mit den Augen der Mutter etwas gebessert?... Daß ich so gar nichts von den Aeltern höre, betrübt mich am meisten!"

Clemens ließ seine Blicke mit inniger Theilnahme auf der Tochter des pensionirten Schulmeisters ruhen.

„Alles in Ordnung, mein Kind," erwiderte er. „Den Alten fehlt nichts, denn sie haben starke Herzen, auf die unser Herrgott alle Tage frische Thautropfen erquickenden Trostes fallen läßt. Wenn Du mich zu dem Grafen führen willst, sollst Du nicht mehr lange eine Gefangene sein."

„Zu dem Grafen?" wiederholte Andrea, und ihr Blick suchte ängstlich das Auge des Pförtners, der brummend am Fuße der Treppe auf und ab ging. „Der Graf schläft noch; vor acht Uhr pflegt er selten zu schellen."

„Da hörst Du's auch von der Mamsell," sagte Hans. „Und ehe der gnädige Herr nicht die Glocke gezogen hat, darf kein sterblicher Mensch ihm nahe kommen!"

„Außer dem Einen, vor dessen Auge das Herz des Gestrengen sich krümmen wird," fiel Clemens ein. „Führe mich, Andrea! Das Klopfen meines Stabes soll den Langschläfer wecken, Euch Beiden aber soll dieser ungewohnten Störung wegen der schnauzbärtige Dragoner=Oberst weder ein Haar krümmen, noch ein hartes Wort sagen... Marsch, Flink, sei munter und vermelde gräfliche Gnaden, daß Freunde ihm guten Morgen zu sagen kommen."

Flink machte gewaltige Sprünge und begann zugleich so laut zu bellen, daß der Wiederhall seiner kräftigen Stimme sich an den dunkeln Ge=

wölben der langen Corridore brach und in allen
Theilen des Schlosses vernommen werden mußte.

„Gelt, das ist ein Weckruf, dem Niemand,
auch nicht ein schlafender Graf sein Ohr ver-
schließen kann?" sagte Clemens lächelnd, während
der Pförtner sich entfärbte und ängstlich in seinen grauen Haaren wühlte. „Bin neugierig auf
das Gesicht, das mich der Herr sehen läßt, wenn
er die Thür aufreißt, um sich nach der Veranlassung des bäurischen Lärmes zu erkundigen."

Dem immer lauter bellenden Hunde folgend,
schritt der Schäfer lächelnd den Corridor hinunter, während Andrea in ein Seitenzimmer trat,
um nicht Zeuge des Auftrittes zu sein, der ihrem Dafürhalten nach unmöglich ausbleiben
konnte.

4.
Lotto-Clemens bei dem Grafen.

———

Von dem schallenden Gebell des Hundes, das
rasch immer näher kam, erwachte Graf Rothstein.
Er richtete sich verwundert in seinem Bett auf,
rieb sich die noch schlafmüden Augen und schlug
dann die schwerem Damastvorhänge zurück. Ein
fast haarloser, kahler Kopf mit harten, scharf
markirten Zügen, einer langen geraden Nase
und tief liegenden unruhigen Augen ward sicht=
bar, und blickte mit sichtbarem Erstaunen in das
halbdunkle Zimmer, während unverständliche
Worte den bärtigen Lippen entflohen. Dann ent=
wand sich eine wohlgepflegte, aristokratisch feine
Hand und ein halb entblößter, muskulöser, stark
behaarter Arm dem weichen Pfühl und griff nach
der rothseidenen Klingelschnur zu Häupten des

Himmelbettes. Der helle Ton der Glocke rief den Kammerdiener des Grafen in das geräumige Schlafgemach.

„Wer hat die bellende Bestie in's Schloß gelassen?" fuhr der erzürnte, in seiner Ruhe ge= störte Gebieter den ängstlich harrenden Diener an. „Der halbblinde und halbtaube Kerl von Portier verdiente, daß ich ihm die Ohren wie einem Mops stutzen ließ, wenn er nicht einmal fähig ist, die Hunde abzuhalten... Man soll die Bestie fangen und auf der Stelle erdrosseln!"

„Gnädigster Herr, es ist ein Mensch in's Schloß gedrungen," stotterte der Kammerdiener, „ein Mensch, den Niemand wagt..."

Der Graf hob drohend den Arm und entriß dem Diener das dargereichte Gewand.

„Niemand abzuweisen wagt, willst Du sagen," unterbrach er ihn. „Das muß ja ein seltsames Gewächs sein, das ich mir doch näher besehen will!... Also zu überfallen sucht man mich?... Meinen Hirschfänger!... Kennst Du die unge= schliffene Canaille?"

Ehe der Kammerdiener noch Antwort geben konnte, ward von außen hart an die Thür ge= klopft, die sich unmittelbar darauf öffnete. Die hohe breite Gestalt des Schäfers, den Hund mit

der linken Hand abwehrend, stand auf der Schwelle
und traf den Grafen mit so mächtig bannendem
Auge, daß dieser auf einige Secunden verstummte
und den zudringlichen Mann wie eine Erschei=
nung anstierte.

„Clemens," sprach er dann in grollendem
Tone, aber sich mäßigend, „was giebt Dir Ver=
anlassung zu so respectwidrig unhöflichem Auf=
treten? Du vergißt, was Du mir schuldig bist;
ich werde Dich fortjagen..."

„Das werden gräfliche Gnaden nicht thun,"
erwiderte unerschrocken der Schäfer. „Ich habe
Ihnen Wichtiges zu vermelden, Sie aber wiesen
mich ab, weil Sie nicht bei Laune waren. Da
mußte ich als ein Mann, der Ihr Bestes will,
es schon darauf ankommen lassen, mich Ihrem
Zorne auszusetzen. So komme ich ungemeldet,
und gewiß und wahrhaftig, gräfliche Gnaden,
Sie werden den Lotto=Clemens nicht los, bis
Sie ihm Gehör geschenkt haben! Flink ist ein
zuverlässiger Wächter und verläßt seinen Herrn
in keiner Noth oder Gefahr."

Der Hund des Schäfers, der sich auf seines
Eigners Gebot quer vor die Schwelle gelegt hatte,
auf welcher Clemens noch immer stand, blickte
den Grafen allerdings so ingrimmig an und

knurrte unablässig so unheimlich drohend, daß
dieser wohl einsah, der unbequeme frühe Gast,
der sich so breist in sein Schlafgemach drängte,
werde nur durch Güte wieder zu entfernen sein.

„Nun, so laß Deine Litanei hören, eigensin=
niger Graukopf!" sprach Rothstein, indem er
den Hirschfänger neben dem Himmelbett auf den
Nachttisch legte und seinen dunkelsammetnen Mor=
genrock bis an den Hals zuknöpfte. „Was giebt's
denn so Wichtiges in Deinem Revier, daß Du
räuberartige Gewohnheiten anzunehmen für er=
laubt hältst?"

„Was ich gräfliche Gnaden mitzutheilen habe,
darf kein Dritter hören," versetzte Clemens kalt,
ohne seinen Platz zu wechseln.

„Dann sei so gütig und gestatte meinem
Kammerdiener, daß er unbeschädigt das Zimmer
verlassen darf. Oder soll er etwa aus Respect
vor Dir und Deiner tückischen Bestie durch's Fen=
ster springen?"

Clemens gebot Flink, aufzustehen. Dann trat
er selbst in das Schlafgemach des Grafen und
zeigte mit seinem Stabe nach der Thür, welche
der Kammerdiener möglichst schnell zu erreichen
suchte. Kaum war sie in's Schloß gefallen, so
commandirte ein Blick des Schäfers den gelehri=

gen Hund wieder auf die Schwelle, während er selbst dem finster blickenden Grafen gegenüber in einem weichen Polsterstuhle Platz nahm.

Eine kleine Weile maßen beide so verschiebenen Lebensstellungen angehörige Männer sich stumm mit den Augen, dann ergriff der Schäfer zuerst das Wort.

„Ich bin zu Ihnen gedrungen, gräfliche Gnaden, um ein gutes Wort für Jemand einzulegen," sprach er. „Wenn ich aber den Namen meines Schützlings nenne, werden Sie vermuthlich zornig aufbrausen."

„Dann unterlasse es lieber," gab verdrossen der Graf zurück.

„Das kann und darf ich nicht, denn es wäre Unrecht," fuhr Clemens fort. „Mein Schützling ist Joachim Helfer…"

„Der Champion des Mordbrenners?" rief auffahrend der Graf. „Bei meinem Zorne, schweig'! Ich will nichts von ihm hören!"

„Sie sollen mich aber hören, gräfliche Gnaden!"

„Sollen?"

„Sie sollen und müssen!" sagte mit eiserner Festigkeit der Schäfer.

Graf von Rothstein fuhr auf und seine Hand

zuckte nach dem Hirschfänger. Vor Ingrimm biß
er sich die Lippen.

„Du vergißt Dich, Bursche!... Baue nicht zu
viel auf meine Langmuth!"

„Joachim Helfer wünscht seinem Bruder in
die neue Welt zu folgen," fuhr Clemens fort,
ohne von der letzten Drohung des Grafen Notiz
zu nehmen. „Sein Vater ist damit einverstanden,
und Dienstverhältnisse fesseln ihn nicht an die
heimische Scholle. Es bedarf nur des Auswan-
derungsconsenses, den gräfliche Gnaden zu un-
terschreiben haben."

„Ich gebe diesem aufsäßigen Menschen keinen
solchen Consens," fiel der Graf ein. „Joachim
Helfer weiß das schon längst; wie kann er sich
unterfangen, Dich aufzuhetzen?... Oder solltest
Du vielleicht gar die treibende Kraft sein, die
dem unbändigen Menschen die Gedanken verwirrt?"

Clemens nickte, während sein Blick größer
und glänzender ward.

„Gräfliche Gnaden kennen mich und beurtheilen mich ganz richtig," erwiderte er mit großer
Gemüthsruhe. „Ich habe dem jungen Helfer
zugeredet, seit er verheirathet ist."

„Ich wollte, die alten Felsen, unter denen

Du Unheil brütend Jahr aus Jahr ein hockst,
hätten Dir längst schon den unnützen Schädel
zerschmettert!" zürnte der Graf. „Nun ich von
Dir selber höre, daß Du der Anstifter des sau=
bern Planes bist, lasse ich den Sohn des Schul=
meisters nicht ziehen. Er soll in Hohen=Roth=
stein leben, darben, sich ärgern und vor Aerger
ebendaselbst sterben!"

„An Ihrem Willen, gräfliche Gnaden, dem
unglücklichen Manne ein so trauriges Loos zu
bereiten, zweifle ich nicht," versetzte immer gleich
ruhig und gelassen der alte Schäfer. „Sie be=
sitzen darin Erfahrung und auch einige Uebung.."

„Verrückter alter Narr!" murmelte der Graf
und schleuderte Clemens einen wüthenden Blick zu.

„Mit dem Joachim indessen ist so leicht nicht
fertig zu werden," fuhr der Schäfer fort, „denn
gräfliche Gnaden wollen bedenken, daß ich hin=
ter ihm stehe, und daß Lotto=Clemens, so alt er
ist und so gering seine Mittel immer sein mögen,
was er ernstlich will, auch durchsetzt!... Joachim
Helfer wird also in Begleitung von Freunden
über's Meer gehen."

„Charmant," sagte der Graf und rieb sich
die Hände. „Sollte er zum Ausreißen wohl die
Lust verlieren, wenn ich ihn etwa heute noch

hinter ſchwediſche Gardinen an einem ſchattigen
Orte unterbringen ließe, damit ſich ſein allzu
heißes Blut ein wenig abkühle? Veranlaſſung
dazu iſt vorhanden; er hat ſich neuerdings höchſt
verdächtig gemacht durch ſeine unkluge Verwen=
dung für den verurtheilten Mordbrenner..."

„Caspar Spät iſt eben ſo wenig ein Mord=
brenner wie ich oder Sie, Herr Graf!" fiel
Clemens ein. „Seine Unſchuld werde ich an den
Tag bringen, iſt erſt die Zeit dazu gekommen!
Spät und Helfer ſind Jugendfreunde, und als
Freunde und treue Genoſſen in Luſt und Leid
ſollen ſie auf demſelben Schiffe die alte Heimath,
die man Beiden zum Kerker gemacht hat, ver=
laſſen!"

Graf von Rothſtein lachte laut auf.

„Bei meines Vaters Zopf, Du wirſt unter=
haltend!" ſagte er und zog die Enden ſeines
Schnurrbartes ſo weit herunter, daß er ſie bequem
unter dem Kinn hätte zuſammenknüpfen können.
„Alſo der zum Tode verurtheilte Brandſtifter
geht mit ſeinem tollen Intimus, ohne Zweifel
begleitet von Weib und Kind, nach dem ſüdame=
rikaniſchen Paradieſe, wo aller moraliſche Aus=
wurf Europa's ſo prächtig gedeiht!... Das iſt
ja köſtlich!... Iſt der Tag der Abreiſe dieſer

Mustermenschen nicht vielleicht schon festgesetzt, oder haben die unverbesserlichen Strolche die Bestimmung darüber Dir überlassen?"

Nach dieser Aeußerung stand der Schäfer auf; gleichzeitig erhob sich dessen wachsamer Hund. Clemens trat dem Grafen einen Schritt näher.

„Wenn das Paradies jenes fernen Landes eine gedeihliche Pflanzstätte für moralische Aus= würflinge Europa's wäre," sprach er, indem seine Augen wie die Spitzen kalten Stahles auf dem Grafen ruhten, „dann müßten gräfliche Gnaden ebenfalls dort drüben Hütten bauen..."

„Verruchter Hund!" schrie Graf Rothstein auf und riß den Hirschfänger aus der Scheide. „Auf die Knie, oder ich renne Dir erbarmungslos den Stahl durch Deine sündige Brust!"

Das Jagdmesser blitzte in der nervigen Hand des schwer beleidigten Aristokraten, ein Schlag des Stabes aber, welcher den Arm des Grafen in demselben Moment traf, warf es zu Boden.

„Denk' an Eudoxia!" raunte der Schäfer dem Ergrimmten in's Ohr. „So gewiß Gottes Auge auf uns Beide herabsieht aus den Wohnungen der Seligen, so gewiß soll Eudoxia wieder auf= erstehen von den Todten, wenn gräfliche Gnaden

Joachim Helfer nicht ziehen lassen, wohin das
Herz ihn drängt!"

Er beugte sich über den Grafen, der erblas=
send in seinen Stuhl zurückgesunken war und
den alten Mann entsetzt anstarrte.

„Ich verlasse das Schloß nicht, bis der Aus=
wanderungsconsens in meinen Händen ist," fuhr
er fort. „Joachim will im nächsten Monat rei=
sen, und Caspar Spät hat ebenfalls Eile, fort=
zukommen... Wenn gräfliche Gnaden die Rath=
schläge eines alten Bekannten, welcher von Gott
sehr scharfe Augen und ein gutes Gehör zum
Geschenk erhalten hat, befolgen wollen, soll zwi=
schen uns Beiden Frieden bleiben auf Erden
und die Todten sollen nicht auferstehen, um
gräfliche Gnaden vor der Welt zu Schanden zu
machen!..."

Graf von Rothstein schloß die Augen, weil
er die versengenden Blicke des alten Schäfers
nicht ertragen konnte. Er röchelte leise, aber er
schwieg, sei's, weil ihm wirklich die Stimme ver=
sagte, sei's, weil er in sich selbst noch zu keinem
Entschlusse gekommen war und er vielleicht hoffte,
ein glückliches Ungefähr möge ihn von dem fürch=
terlichen Dränger befreien.

„Gräfliche Gnaden geloben mir gewiß gern

unverbrüchliches Schweigen über das, was soeben
zwischen uns verhandelt wurde," fuhr Clemens
fort. „Mich zwingt meine Beschäftigung schon
zum Schweigen und außerdem bin ich von Natur
nicht mittheilsam... Baron von Alteneck darf
nichts erfahren, sonst könnten die Verschollenen
von dem eingeäscherten Schlosse bei Mosaisk
wieder lebendig werden!... Solche alte Geschich=
ten aber vergißt man gern, weil schon so lange
Jahre Gras darüber gewachsen ist... Wenn gräf=
liche Gnaden sich auf meinen Arm zu stützen ge=
ruhen wollen, werde ich wie ehedem Dero auf=
merksamer Diener sein... Ich stehe dafür, es
stört uns Niemand, bis Sie großmüthig einem
Ihrer besten Unterthanen die Freiheit gegeben
haben, die ihn allein glücklich machen kann...
Flink ist ein kluges Thier und hält uns jeden
Störenfried unaufgefordert ab."

Der merkwürdig fixirende Blick des Schäfers
hielt den Grafen noch immer gebannt. Er schlug
die Augen nicht voll zu dem schlichten Manne
im groben, bäuerlichen Gewande auf, sondern
blinzelte nur ab und zu durch die halbgeöffneten
Lider. Endlich aber raffte er sich zusammen,
stand auf und sagte, dem Alten einen tückischen
Blick zuschleudernd:

„Geh' voran, Clemens, ich folge!... Du sollst Deinen Willen haben!..."

Clemens trat höflich zurück, grüßte mit militärischem Anstande und öffnete die Thür, indem er erwiderte:

„Gräflichen Gnaden gebührt der Vortritt. Sie sind Gebieter, ich nur ein untergeordneter Diener. Es würde sich nicht schicken, wenn ich Ihnen im eigenen Schlosse als Führer die Wege zeigen wollte."

Graf von Rothstein schritt stolz an dem Schäfer vorüber. Ihm auf dem Fuße folgte Flink, den Beschluß machte Lotto-Clemens.

Als sie an dem Zimmer vorübergingen, in welches Andrea sich zurückgezogen hatte, bewegte sich die Thür leise in ihren Angeln.

Der Schäfer gewahrte das feine Gesicht des jungen Mädchens dicht an den Spalt gedrückt. Er machte ihr ein Zeichen, worauf die Thür geräuschlos geschlossen ward.

„Gräfliche Gnaden sollen durch mich nicht gestört werden," sprach Clemens, als der Graf sein Privatzimmer betrat. „Ich werde hier draußen pflichtschuldigst warten. Vergessen Ew. Gnaden nur nicht Dero Wappen unter den Consens zu drücken!"

Graf von Rothstein würdigte seinen Peiniger auch jetzt keiner Antwort, sein Versprechen aber hielt er, weil die Noth und das treue Gedächtniß des Schäfers ihn dazu zwangen. Nach wenigen Minuten schon hielt Clemens den verlangten Auswanderungsconsens für Joachim Helfer und dessen Familie in der Hand. Die Hand des Grafen zitterte, als er das Papier dem gefürchteten Schäfer überreichte.

„Gräfliche Gnaden haben ein gutes Werk gethan," sagte er, den Schein vorsichtig in eine der tiefen Taschen seines Brustlatzes versteckend. „Unser Herrgott wird Ihnen das gewiß gut schreiben im großen Schuldbuche... Nächstens, das heißt, wenn die beiden Jugendfreunde mitsammt den Ihrigen in Sicherheit gebracht sind, werde ich mich bei Dero Gnaden abermals in einer andern Angelegenheit anmelden lassen, und hoffe, daß Sie mich leutselig empfangen... Wir kommen Beide stark in die Jahre, und da ist's immer gerathen, daß man sein Haus bestellt und Abrechnung hält mit denen, die im Leben unsere Begleiter waren."

Er blickte den Grafen nochmals an, als wollte er sein Innerstes durchschauen, nickte kurz und trotzig mit dem Kopfe und rief seinem Hunde.

Graf von Rothstein sah ihm nach, bis er im Vorzimmer, auf welches die Corridore mündeten, verschwand.

„Mir wäre wohler, lägen die Gebeine dieses gefährlichen Spähers im Bett der Beresina begraben," murmelte er, in sein Zimmer zurücktretend. „Manche Menschen, und gewöhnlich die verhaßtesten, haben ein Leben wie die Katzen! Wirft man sie in's Wasser, so tauchen sie nur unter, um frischer wieder herauszukommen, und bettet man sie in Eis und Schnee, so stärkt man ihre Nerven, während man meint, das Blut müsse ihnen in Herz und Adern erstarren... Ich habe diesen Menschen wahrhaftig nie und nirgends geschont, und doch konnte ich ihn nicht zu Grunde richten!... Soll sein Mund verstummen, so müssen Gift oder Stahl ihre Schuldigkeit thun..."

5.

In der Einöd'.

Ungefähr eine halbe Stunde Wegs von der Heidenlehne entfernt lag, von saftigen Wiesen und fruchtbarem Ackerlande begrenzt, ein steiniger Strich Landes, auf welchem nur Birken und Kiefern gediehen. Dieser Landstrich enthielt ein paar nicht mehr bearbeitete Steinbrüche, die früher ergiebig gewesen sein mochten und auch stark benutzt worden waren. In neuerer Zeit hatten thätige Ansiedler, denen man das wenig ergiebige Land zu geringem Preise überließ, dasselbe verbessert und auch einen dürftigen Ernteertrag davon erzielt. Der Name „Einöd'" war ihm aber geblieben, obwohl der ganze, wohl fünfzig Morgen umfassende Landstrich den Charakter der Unwirthbarkeit schon längst verloren hatte.

Mitten zwischen einer Anzahl kleiner Häuser, die alle von Arbeitern und Tagelöhnern bewohnt waren, deren Ackerstreifen schräg über die Einöd' fortliefen, lag ein einziger, von Scheunen und Schuppen umgebener Hof, welcher dem Schulzen Niklas Wacker, dem eigentlichen Besitzer der Einöd' und dem ersten Bebauer und Urbarmacher derselben gehörte, weshalb er im Munde des Volkes der Kürze wegen selbst die Einöd' hieß.

Des Schulzen Sohn studirte, wie wir wissen, und war mit dem jungen Baron von Alteneck befreundet. Nach dem Besuche Horatio's bei seinem Vater, der nur wenige Tage dauerte, betrat der Junker auch die Einöd', um bei den Aeltern seines Freundes Erkundigungen über gewisse Persönlichkeiten einzuziehen. Die Fragen, welche zu diesem Behufe Horatio dem Schulzen vorlegen mußte, hatten zur Folge, daß auch Niklas Wacker nicht unthätig blieb. Er setzte sich zunächst mit dem einflußreichen Schäfer in Verbindung, um sich mit diesem zu berathen. Später ward Joachim von Beiden instruirt, wie er zu verfahren habe, um alles Nöthige vorzubereiten. Darüber vergingen einige Wochen. In dieser Zeit fällte das Gericht sein Urtheil über Caspar Spät, das auf Enthauptung lautete.

Bis zu diesem entscheidenden Augenblicke hatten sich Wacker und Clemens scheinbar ruhig verhalten, nun aber war die Zeit zum Handeln gekommen und man durfte nicht lässig sein, wenn Spät gerettet werden sollte.

Anfangs hoffte der Schäfer Clemens, es werde ihm gelingen, Spät's Unschuld darzuthun. Er sah aber bald ein, daß er sich verrechnet hatte, und gerade diejenige Person, welche als Entlastungszeuge vor Gericht hätte auftreten können, in so kurzer Frist nicht zur Stelle zu schaffen war. Deshalb änderte er seinen Feldzugsplan, in dessen Gelingen er keinen Zweifel setzte.

Triumphirend stieg der Schäfer die Schloßtreppe hinunter, dem verwunderten Hans in seinem laternenartigen Zimmer vertraulich zunickend.

„Sattle Deinem Herrn das schnellste Roß in seinem Marstalle, wenn er auszureiten begehren sollte," sprach er. „Ich vermuthe, er bedarf starker Bewegung, sonst rührt ihn der Schlag noch vor Abend, und das sollte mir seiner armen Seele wegen leid thun."

Er verließ in großer Eile den Schloßhof und machte sich unverweilt auf den Weg nach der Einöd', wobei er die Heidenlehne überschreiten

mußte. Hier begegnete er der Heerde, die er
unter der Aufsicht zweier ihm treu ergebener
Knechte gelassen hatte. Er sprach eine Zeit lang
mit ihnen und befahl Flink, bei der Heerde zurück-
zubleiben. Darauf schritt er allein der Einöd' zu.

Niklas Wacker saß unter dem offenen Geräth-
schuppen seines Hofes auf einem umgestürzten
Pfluge und hörte Joachim aufmerksam zu, welcher
vor ihm stand und sehr lebhaft sprach.

„Mißglücken kann es nicht, das leuchtet Euch
ein, Schulze," schloß der Graupenmüller seine
Mittheilung, „eines zuverlässigen Mannes aber
und kräftiger Pferde, denen man etwas zumuthen
darf, bedürfen wir, sonst könnten wir leicht aus
dem Regen unter die Traufe kommen, und dann
wären wir allesammt verloren."

Wacker war ein stiller Mann von nüchternem,
klarem Verstande. Von Leidenschaften ließ er
sich nicht beherrschen; er prüfte, überlegte, erwog
ruhig, ehe er handelte. Auch die Mittheilung
Joachim Helfer's, so aufregend sie an sich immer-
hin war, brachte den Schulzen nicht aus seiner
phlegmatischen Ruhe. Die Antwort aber, die er
dem Sohne des Schulmeisters gab, erfüllte diesen
mit Hoffnung.

„Angehen kann es, wenn's richtig angegriffen

wird," sprach er; „wir müssen nur tüchtig zu=
sammenhalten, damit Alles wie in einem Uhr=
werk in einander greift. Mußt Dir aber doch
gefallen lassen, daß ich die Mutter vorher von
unserm Vorhaben unterrichte. Lügen mag ich
nicht, und thue ich geheim, so kränk' ich sie...
Brauchst Dich nicht zu ängstigen, daß sie's aus=
bringt... In meinen Augen liest sie, ob eine
Sache mit Schweigen bedeckt werden soll, oder ob
man darüber sprechen darf. In Deinem Beisein
werd' ich sie unterrichten."

Er verließ seinen unbequemen Sitz und ging
quer über den Hof, in dessen Mitte sich ein aus=
gemauerter Teich oder vielmehr eine Cisterne be=
fand — denn das in ihm enthaltene Wasser er=
hielt nur geringen Zufluß aus spärlich rieselnden
Quellen — um das lang gestreckte, einstöckige
Haus zu betreten, das Wohnung und Stallungen
unter einem Dache vereinigte. Ein Kettenhund
lag als Wächter vor dem Stalleingange, hatte
aber eine so lange Laufstange, daß er auch die
in das eigentliche Wohnhaus führende Thür noch
vor jedem Fremdlinge schützen und diesem den
Eintritt wehren konnte. Der Wink des Schulzen
bannte das wachsame Thier in sein Bretterhaus,

als er sich mit Joachim Helfer der Hausthür
näherte.

Die Flur war mit rothen Backsteinen ge=
pflastert und äußerst sauber gehalten. In die=
selbe herein ragte der Backofen, dessen breite
Platte zur Aufbewahrung mancherlei Hausgeräthes
diente und welcher, vor einigen Tagen erst ge=
heizt, noch eine angenehme Wärme ausströmte.

Wacker führte seinen jungen Begleiter in das
Wohnzimmer, wo die Hausfrau vor einem weiß=
gescheuerten großen Tische aus Lindenholz saß
und Federn schliß. Ein weißes Leinentuch be=
deckte den ganzen Kopf der Frau und war unter
dem Kinn in eine lose Schleife zusammengezogen,
so daß nur das schmale, feingeschnittene Gesicht
frei blieb. Sie grüßte den ihr wohlbekannten
Helfer mit freundlichem Augenwink, ohne sich in
ihrer friedlichen und geräuschlosen Beschäftigung
stören zu lassen.

Beide Männer nahmen in einiger Entfernung
von dem Tische auf Schemeln Platz, um bei
etwaiger lebhafter Unterhaltung die aufgehäuften
Federn nicht in Bewegung zu bringen, worauf
Niklas Wacker in seinem gewöhnlichen ruhigen
Tone sagte:

„Ich habe Joachim versprochen, seinen un=

gerecht verurtheilten Freund befreien zu helfen. Hast doch nichts dawider, Grethe?.."

„Eine gegebene Zusage muß jeder ehrliche Mann halten," erwiderte eben so ruhig die arbeitende Frau, ohne einen Blick von ihrer Arbeit zu verwenden. „Ist Gefahr dabei, bist Du ja doch vorsichtig."

„Hat nichts zu sagen," entgegnete Wacker, „aber die Luft muß ganz rein bleiben."

„Natürlich," meinte die fleißige Frau. „Seid Ihr schon einig und könnt Ihr Beiden es allein ausführen?"

„Es wissen vier oder fünf darum, glaub' ich," erwiderte Niklas Wacker. „Unser Sohn ist auch dabei."

Grethe wurde plötzlich lebhaft und kehrte ihr Gesicht den Männern zu.

„Der Schwätzer?" sagte sie. „Das hast Du nicht besonders gut gemacht, Niklas! Unser Anton bewegt seine Zunge ja schneller, als in der Mühle sich der Beutel schüttelt, wenn sie mit vollem Winde mahlt."

„Thut's Noth, kann er auch schweigsam sein," entgegnete Wacker. „Ueber die Zeit, wann die Sache vor sich gehen soll, ist noch nichts bestimmt. Es hängt das ab von den Nachrichten,

die Clemens vom Schlosse bringen wird. Wir
erwarten ihn."

„Weiß denn der Graf um Euern Plan? Das
ist ja des Alteneckers Freund!"

„Was Clemens thut, ist gut gethan," fiel
hier Joachim Helfer ein. „In seine Hände habe
ich mein und meines Freundes Schicksal gelegt,
und Clemens versprach mir, den Freund zu retten
und Alles gut hinaus zu führen. Ihr wißt ja,
der Schäfer hat über alle Menschen eine wunder=
bare Gewalt, absonderlich über den Grafen.
Woher diese Gewalt sich schreibt, weiß Keiner."

„Im großen Kriege stand Clemens im Dienste
des Grafen — der Schäfer hat's mir selber er=
zählt" — sagte erklärend der Schulze. „Es mag
damals viel gegen Gott und Menschen gesündigt
worden sein. Der Graf war reich und ward für
einen schönen Mann gehalten. Den Frauens=
leuten that er's an, mochten sie in Freundes oder
Feindes Land wohnen, und wenn im Kriege der
Officier einer siegreichen Armee sich über Sitte
und Gesetz hinwegsetzt und seiner Lust den Zügel
schießen läßt, wer trägt's ihm nach und wer will
ihn dafür zur Rechenschaft ziehen? Später, nach
langen Jahren, wenn die Haare grau und die
Sinne stumpf werden, und des Nachts der Schlaf

des vornehmen wie des geringen Sünders Lager
flieht, wacht wohl das Gewissen bisweilen auf,
und dann zittert und duckt sich die geängstigte
Seele vor jedem Blick und jedem Wort, die zu Ver=
räthern: an ihrer Vergangenheit werden können."

„Da tritt der Alte in den Hof!" unterbrach
Joachim den Schulzen, „und heitern Angesichts,
dünkt mich, ein Zeichen, daß er frohe Kunde
bringt."

Niklas ging dem Schäfer entgegen, Frau Grethe
strich behutsam die Federn in ein bereit gehaltenes
Sieb und löste das Tuch, mit dem sie zum Schutz
gegen den Federstaub ihre Haare bedeckt hatte.

Unter der Thür schon trat Clemens dem Hof=
besitzer entgegen.

„Er ist in die Falle gegangen und Du bist
frei und fortan Herr Deines Schicksals," sprach
der Schäfer zu Joachim Helfer, indem er Wacker
die schwielige Hand drückte. „Ich hab' dem
Grafen in aller Höflichkeit erzählt, was wir vor=
haben; jetzt steht's bei ihm, was er thun will...
Die Freude am Leben und der Trieb der Selbst=
erhaltung, welcher in schlechten Menschen gewöhn=
lich stärker ist, als in guten, wird ihm Schweigen
auferlegen, bis Caspar Spät gerettet ist. Drängt
es ihn dann zu sprechen, so wird das Band auch

16 *

meiner Zunge gelöst und der hochgeborene Graf von Rothstein beginnt mit dem alten Schäfer von der Heidenlehne einen Tanz, der zu den Pforten der Hölle und mitten unter die Gesellen des Satan führt! Bin neugierig, wozu er sich entschließen wird, und auf alle Fälle gerüstet... Und nun, Joachim, sag' an, wann Du meinst, daß wir das Unternehmen vollbringen können?"

Die Männer waren inzwischen in des Schulzen Wohnung getreten und hatten sich um den Lindentisch gruppirt, an welchem Wacker's Frau den Schäfer als Bekannten und Pathen freundlich begrüßte.

"Zu Anfange des nächsten Monats," erwiderte der Sohn des Schulmeisters. "Bis dahin kann Else sich vorbereiten, ich selber bringe meine Angelegenheiten ebenfalls in Ordnung, und Caspar ist leicht zu unterrichten. Zu Letzterem dürftet Ihr, Wacker, der rechte Mann sein. Eure Stellung in der Gemeinde giebt Euch das Recht, den Verurtheilten zu besuchen; Ihr seid eine ganz unverdächtige Person, und eine solche kann mehr wagen, wie jeder Andere. Wollte ich den Freund benachrichtigen, nicht zwei Worte könnte ich unbelauscht mit ihm wechseln."

"Ich bin's zufrieden," sagte Wacker, "und

damit ich noch weniger beobachtet werde, soll
Anton mich begleiten. Ich habe schon an ihn
geschrieben. Der Stockmeister ist ein Verwandter
des Carcerknechtes — die ganze Familie hat seit
Menschengedenken immer in Gefängnissen ihr
bischen Brod verdient — von dem kann Anton
in seiner lustigen Weise dem Fridolin 'was er=
zählen, während ich Caspar instruire. Schnurren
hört der alte Narr gar zu gern, und wenn der
Mensch erst in's Lachen kommt, ist's mit dem
Aufpassen nicht weit her. Du siehst, Mutter,
auch ein schwatzhafter Mund kann, zu rechter
Stunde gebraucht, Segen stiften; schelte mir also
den Jungen nicht, der bis auf's Plaudern doch
sonst Dein ganzes Ebenbild ist. Der junge
Baron von Alteneck hätte sonst wahrhaftig nicht
den Narren an ihm gefressen.“

Grethe lächelte und reichte ihrem Manne die
Hand.

„Wie Du meinst,“ sprach sie, „in Sorgen
werde ich aber doch sein, bis ich Euch Alle ge=
sund wiedersehe. Gott gebe seinen Segen zu
Eurem Vorhaben!“

„Heute um Feierabend spreche ich Deine
Aeltern,“ sagte der Schäfer aufstehend, „jetzt
muß ich nach meinen Schafen sehen, damit der

Graf mich nicht der Fahrlässigkeit zeihen kann. Weint Deine Mutter, so störe sie nicht. Ein Frauenherz findet sich immer am schnellsten wieder zurecht, wenn es sich eine Weile in Thränen baden kann. Und ich habe einen Trost für Rahel, der sie erquicken wird, wenn sie zum letzten Male die treuen Mutterarme um Deinen Nacken schlingt."

Er langte in seine Tasche und überreichte Joachim den Auswanderungsconsens mit dem großen Insiegel des Grafen.

„Da nimm den Schlüssel, welcher Dir alle Pforten der neuen Welt öffnet," fuhr er fort, „mach's aber nicht wie so Viele, welche den Staub der Heimatherde von ihren Füßen schütteln, sondern bleib' auch jenseit des Weltmeeres eingedenk derer, die als Kind Dich pflegten, in schweren Tagen für Dich sorgten und, wo Du auch immer weilen magst, den liebenden Aelternblick doch stets treu auf Dich gerichtet halten als stellvertretende Sendlinge der Vorsehung, deren Macht groß und allgegenwärtig ist über den Sternen und auf der Erde!"

Mit kurzem Gruß verabschiedeten sich die Fortgehenden von Wacker und dessen Frau, die gleich darauf ruhig wie immer an ihre Arbeit zurückkehrten.

6.

Ein Ritt durch die Nacht.

„Freut mich, freut mich außerordentlich,"
sagte Moosdörfer zu dem gesprächigen Wirth des
Tannenhofes, wo er eingekehrt war, um seinem
Braunen Ruhe zu gönnen und sich selbst leiblich
zu erquicken. Der reich begüterte Bleicher kehrte
von einem seiner häufigen Ausflüge in die be=
nachbarten Städte zurück, mit denen er in Ge=
schäftsverbindung stand. Solche gewöhnlich nur
einige Tage dauernde kleine Reisen machte Moos=
dörfer Sommer und Winter zu Pferde, übereilte
sich nie, obwohl er den Werth der Zeit vollkom=
men zu schätzen wußte, und kehrte alter Gewohn=
heit gemäß stets in bestimmten guten Gasthöfen
ein. Das treue Thier, welches der Bleicher nun
schon in's zehnte Jahr ritt, kannte die Wege

wie die Liebhabereien seines Herrn so genau, daß es immer von selbst in die Thorwege der Gasthöfe einlenkte, in denen Moosdörfer einige Zeit, manchmal, wenn ihm der Wein gerade mundete, den er sich regelmäßig geben ließ, auch mehrere Stunden zu verweilen pflegte. „Noch einmal, freut mich, Wenzel," wiederholte er und nippte von dem vor ihm stehenden Weine; „er hat's verdient, reichlich verdient!.:. Doch sagt, wie kommt Ihr zu dieser Wissenschaft?"

Der Bleicher legte vorsichtig beide Rockschöße über seine runden Beine, von denen sie herab= geglitten waren, und blickte den Gastgeber im Tannenhof weniger forschend als ungläubig an, während er das geschliffene Seidelglas schon wieder zu den Lippen führte.

„Es erzählen Mehrere davon," erwiderte Wenzel, „und was in vieler Leute Mund·ist, das muß auch wahr sein."

„Hm, hm," brummte Moosdörfer, „sollte wahr sein, wollt Ihr sagen, ist's aber doch nicht immer... In der Besserung befindet sich also der Herr Graf doch wieder?"

„Ganz sicher, Herr Moosdörfer, die Geschichte soll ihn aber verteufelt mitgenommen haben!...

Denkbar, sehr denkbar, wenn man alle Umstände in Anschlag bringt."

„Und rührend, wahrhaft rührend," fügte Moosdörfer hinzu, sich mit umgekehrter Hand eine hervorquellende Thräne aus den Augen strei= chend. „Solch' hoher Herr giebt einem Schäfer, der halb und halb ein Tagedieb ist, nach — das nenne ich großmüthig sein..."

Er schnippte mit den Fingern an das leere Glas, um es sich vom Wirthe neu füllen zu lassen.

„Und sonst nichts vorgefallen?" fragte er, die widerspenstigen Rockschöße abermals über die Schenkel legend. „Man verliert gleich allen Boden unter den Füßen, wenn man ein paar Tage in Bergen und Thälern herumreitet, um ein paar Kreuzer zu verdienen."

Wenzel blieb hoch aufgerichtet vor dem Blei= cher stehen und glotzte ihn mit weit aufgerissenen Augen an.

„Ein... ein paar Kreuzer?... Sie, Herr Moosdörfer? Na da wächst dem Manne im Monde noch ein Bart!... Herumreiten, um ein paar Kreuzer zu verdienen!... Verrückt könnte man werden!..."

„Ach ja, ja!" fiel seufzend der Bleicher ein,

das volle Glas gegen das Licht haltend, ohne davon zu trinken. „Ihr habt vollkommen recht, man könnte manchmal verrückt werden, besonders, wenn andere Leute einstecken, was man sich sauer zusammengespart hat!... Wo bliebe ich wohl, wenn nun der Herr Graf vor Aerger in's Gras gebissen hätte?... Sein ist zur Zeit Alles, was ich habe, und für Zinsen — ich mag gar nicht daran denken!...“

„'s ist kaum zu glauben, kaum zu glauben!“ rief kopfschüttelnd der Besitzer des Tannenhofes und schlug die Hände zusammen.

„Und leider doch wahr!“ fiel Moosdörfer ein. „Aber Ihr wolltet mir ja mittheilen, was sich während meiner Abwesenheit sonst noch Wichtiges zugetragen hat.“

„Weiß nicht, ob es recht ist, wenn ich von bloßen Gerüchten spreche,“ versetzte Wenzel. „In meiner Stellung hört man viel, ohne daß man es sollte. Und trägt man's dann weiter...“

„Ich trinke schon das zweite Seidel Wein,“ fiel ihm der Bleicher schmunzelnd in's Wort, „und da er mir heute ausnahmsweise einmal schmeckt, so lasse ich mir wohl auch noch ein drittes geben, wenn ich ansprechende Unterhaltung finde. Die Luft ist ohnehin rauh, und das Quar=

tier, mit dem ich heute vorlieb nehmen muß, brauche ich vor Einbruch der Nacht nicht zu erreichen. Morgen dann will ich dem Herrn Grafen eine Condolenzvisite abstatten ... Der alte Organist in Hohen=Rothstein wird auch neu aufleben, wenn ich mich wieder bei ihm sehen lasse. Ob ich den Sohn aufsuche ..."

„Den Graupenmüller?" unterbrach ihn Wenzel. „Das muß ein unbändiger Mensch sein, denn er soll's richtig durchgesetzt haben."

„Was?" fragte Moosdörfer, den Kopf lächelnd zur Seite beugend und einen Schluck Wein schlürfend. „Unbändige Menschen setzen gar nichts durch, das thun blos geduldige und ruhige."

„Er hat sich aber vor Anderen damit gerühmt!" sagte Wenzel. „Etwelche sollen sogar den Auswanderungsschein mit dem gräflichen Siegel darauf gesehen haben."

Der Bleicher ließ den Kopf sinken und sah schweigend in das Glas, das er noch in der Hand hielt.

„Das wäre allerdings ein Vorkommniß von Wichtigkeit," sagte er nach längerer Pause ... „Jetzt muß Hohen=Rothstein mein erstes Ziel sein: denn verläßt Joachim Helfer Vater und Mutter, so geschieht es nicht ohne Zweck ... Der Mann

kann mir nützlich werden schon seiner Schwester
wegen, und ich werde mich seiner zu versichern
suchen... Sieh', sieh'!.. Joachim Helfer steht
auf dem Sprunge, in die weite Welt zu gehen,
und mit Bewilligung des Herrn Grafen!.. Was
doch Geld und ein hübsches Gesicht nicht Alles
für Wunder bewirken können! Selbst bei alten
Herren, die keine gesunden Gliedmaßen mehr
haben!.. Werde mir erlauben, dem Sohne meines
alten musikalischen Freundes einige Aufträge zu
geben, die zu besorgen gerade er vor Anderen der
rechte Mann sein dürfte..."

Er leerte sein Glas und stand auf, einen ab=
gelegten alten Reitmantel rasch um die Schultern
werfend und am Halse mit einer großgliedrigen
Messingkette befestigend. „Der Braune ist hof=
fentlich parat?"

„Aber bester Herr Moosdörfer, das dritte
Seidel!" fiel der Inhaber des Tannenhofes ein.
„Ich kann nicht dafür stehen, daß Sie bei Ihrem
nächsten Besuche..."

„Thut nichts, mein lieber Wenzel," unter=
brach ihn der Bleicher. „Schreibt mir das dritte
Seidel an und trinkt's selber auf meine Gesund=
heit und auf bessere Geschäfte!.. Gönnt Euch ja
doch nichts Gutes, wenn Ihr's nicht zufällig und

umsonst von einem Freunde bekommt... In die=
sem Jahre aber sehen wir uns kaum wieder; bin
sehr pressirt und muß meine Zeit doppelt und
dreifach auskaufen — carpere diem, wie mein
Bruder, der Kanonikus, sagt."

Moosdörfer ließ sich nicht halten. Die Mit=
theilung des Wirthes im Tannenhofe, Joachim
Helfer habe vom Grafen die Erlaubniß zur Aus=
wanderung erhalten, fiel so schwer bei ihm in's
Gewicht, daß er auf kurze Zeit seine eigenen An=
gelegenheiten vollkommen darüber vergaß. Er
hatte die Absicht, vor seiner Heimkehr im Schlosse
des Grafen von Rothstein einzusprechen, weniger
um sich dem Herrn desselben durch persönliche
Vorstellung in Erinnerung zu bringen, als Andrea
Helfer wieder zu sehen, die er in seinem Hause
fast eben so sehr vermißte, wie die kränkelnde
Josephine, welcher die Tochter des alten Orga=
nisten so lange Zeit eine treue Pflegerin und
unterhaltende Gesellschafterin gewesen war. Jo=
sephine hatte es ihrem Manne beim Weggang von
der Bleiche sehr warm an's Herz gelegt, ja nicht
zu unterlassen, die genauesten Erkundigungen
über Andrea's Befinden, über ihre Stellung im
Schlosse und über die Behandlung von Seiten
des Grafen einzuziehen.

Als der Bleicher wieder feſt im Sattel ſaß,
ließ er dem ſichern Thiere die Sporen fühlen.
Das war der Braune, der ſich von ſeinem Herrn
einer höchſt aufmerkſamen Behandlung erfreute,
gar nicht gewohnt. Er ſchüttelte den Kopf und
bäumte ſich, um ſeine Unzufriedenheit zu erkennen
zu geben, und ſetzte ſich dann in einen raſchen,
kurzen Trab, der ſelbſt geübten Reitern ſelten
angenehm iſt.

„Hilft nichts, mußt' Dich heute einmal an=
greifen und ich muß es aushalten,“ ſagte Moos=
dörfer, dem Pferde ſchmeichelnd den Hals klopfend.
„Es wird uns Beiden ſauer werden, aber Freund=
ſchaft bereitet der Bequemlichkeit kein Lotterbett.
In Hohen=Rothſtein ſollſt Du Dich wieder aus=
ruhen und doppelte Rationen erhalten.“

Das Schmeicheln des Bleichers hatte die ge=
wünſchte Wirkung. Der Braune griff ſich an,
zeigte ſich aber ſehr willig und bedurfte keines
ferneren fühlbaren Antriebes ſeitens des Reiters.

Auf den Wegen, die Moosdörfer einſchlug,
gab es wenig Verkehr. Nur ſelten begegnete er
einzelnen Kärrnern oder Fußgängern, die ſchwere
Laſten trugen und ſchoben. Alle grüßten den
eiligen Reiter und der Bleicher dankte Jedem
mit großer Freundlichkeit. Nur einmal, ſchon

nach Dunkelwerden, kam ihm eine Kalesche ent=
gegen, der er ausweichen mußte, wobei sein Pferd
auf dem abschüssigen Pfade strauchelte und bei=
nahe gestürzt wäre. Das laute Lachen einer
klaren Frauenstimme schallte hinter ihm her, so
daß er sich verwundert umkehrte und eine schnell
vorübergehende Zorneswallung sein Blut in
raschere Bewegung setzte. Auch das Pferd schien
sich über das unzeitige Lachen zu ärgern, denn
es wieherte, schüttelte sich, suchte den ebeneren,
schmalen Fahrweg wieder zu gewinnen und setzte
sich ohne Aufforderung von selbst in Galopp.

„Ein unzurechnungsfähiges, leichtsinniges
Weib, vermuthlich eine fahrende Sängerin, wie
sie um jetzige Zeit überall herumstreichen, um
durch ihre Künste Städtern und Landbewohnern
ein paar Gulden abzulocken," dachte Moosdörfer.
„Dem Volke muß man verzeihen, wenn es keine
Lebensart besitzt."

Eine Stunde später ging der Mond auf und
goß sein halbrothes Licht magisch über die ro=
mantische Gegend aus. Die Luft war kalt und
feucht, aber still. Ohne wirklich hell zu sein,
konnte man sie doch durchsichtig nennen, so daß
ein scharfes Auge in ziemlicher Entfernung die

vom Monde beschienenen Gegenstände zu erkennen vermochte.

Bald zeigte sich der Ort, wo Moosdörfer zuzubringen entschlossen gewesen war. Sein treues Thier war noch jetzt dieser Ansicht, spitzte die Ohren, wieherte und griff schärfer aus. Der Bleicher klopfte ihm wiederum den Hals und sprach mit ihm.

„Na, na, gieb Dich nur zufrieden, sollst ja eine Hand voll Hafer bekommen!" sagte er. „Auf eine Viertelstunde Rast kommt es mir nicht an, und die scharfe Luft macht die Zunge trocken. Werde mir also wohl selbst eine schmale Erquickung gönnen müssen, da auf einen kräftigen Abendimbiß nicht zu rechnen ist... Wenn die Morgendämmerung Bergspitzen und Waldhöhen mit Gold umsäumt, muß die Kirche von Hohen-Rothstein zu unseren Füßen liegen."

Der Braune stand schon still vor der Thür des Gasthauses, dem Moosdörfer diesmal eigentlich keinen Besuch machen wollte, um schneller vorwärts zu kommen. Er that es mehr seinem Thiere, als sich selbst zu Gefallen, weil es ihm sonst Mühe gekostet haben würde, es wieder in Gang zu bringen.

Auf dem einsamen Ritte durch die stille Nacht

hatte der Bleicher genügende Zeit, die Blicke rückwärts zu wenden und eine Reihe Bilder aus der Vergangenheit an seines Geistes Auge vorüber gleiten zu lassen. Einsamkeit stimmt immer nach= denklich, und wer viel erlebt hat, dem vergehen die Stunden gerade bei einem umfassenderen Ueberblick der eigenen Vergangenheit schneller denn je.

Es ist uns schon bekannt, daß Moosdörfer bei allen irdischen Gütern, die er besaß, doch mancherlei schwere Trübsal im Leben erfahren hatte, die er nie wieder vergessen konnte, wenn er auch nicht darüber sprach. Er mußte jetzt, wie er so einsam im Mondscheine bald durch schattige Hohlwege, bald durch säuselndes Gebüsch, bald wieder über steiniges, baumloses Land dahin ritt, lebhafter denn je seiner beiden verlorenen Kinder gedenken, die ein grausames Geschick ihm ent= rissen hatte. Waren sie todt oder lebten sie noch? Und was war aus ihnen geworden, wenn die Hand der Versuchung ihr Führer gewesen?...

Es überrieselte den Bleicher, wenn er sich in alle die Möglichkeiten vertiefte, die sich an den Gedanken ihrer Erhaltung durch Gottes Fürsorge allein knüpften... Konnten sie nicht in die Hände schlechter Menschen gefallen sein, die ihnen die

Wege zum Verderben zeigten, sie, anstatt zu guten,
sittlichen Menschen, zu Verbrechern erzogen?..
Er schwindelte und die rechte zügelfreie Hand
faßte krampfhaft in die Mähne des Pferdes, da=
mit er sich im Gleichgewicht erhalten konnte.

„Dann will ich die armen, verloren gegangenen
Geschöpfe doch lieber bei den Todten wissen!"
seufzte sein banges Vaterherz. „Ach, wären sie
doch umgekommen, rasch und ohne Qualen hinüber=
gegangen in die Ewigkeit, daß ich ihre unsterb=
lichen Seelen bei ihrem Schöpfer sicher geborgen
wüßte!"

Moosdörfer dachte so laut, daß er sich selbst
sprechen hörte, was ihn wieder etwas ernüchterte.

Wie kam es, daß so quälende Gedanken gerade
jetzt in ihm aufstiegen? Das Lachen der Frauen=
stimme in der schnell vorüberjagenden Kalesche
hatte sie in ihm wach gerufen. — Konnte nicht
seine eigene Tochter unerkannt in ähnlicher Weise
ihm begegnen? Durfte er nicht annehmen, seinen
Sohn unter seinen Gegnern zu finden? Ja, war
es nicht denkbar, daß sie sich sahen, sich haßten,
sich bekämpften? Noch einmal seufzte der ge=
ängstigte, kinderlose Vater in die Nacht hinein:

„Gütiger Gott, sei ihnen gnädig, und wan=
deln sie noch auf Erden, so sei Du ihr Vater

und halte sie mit starker Hand auf Deinen
Wegen!"

Ungeachtet des Kummers, der in Folge dieser
trüben Rückerinnerungen an seinem Herzen nagte,
verging Moosdörfer die Nacht doch ziemlich schnell.
Um Mitternacht ließ er vor einer einsam gele=
genen Herberge, in welche Frachtfuhrleute ein=
kehrten und wo noch reges Leben war, sein Pferd
noch einmal tränken uud bog dann in einen
Seitenpfad ab, der durch waldiges Hügelland
führte. Auf diesem Richtwege war Alteneck, das
er zuerst passiren mußte, um einige Stunden
früher zu erreichen, als wenn er die Straße nach
der Kreisstadt einschlug, die einen bedeutenden
Umweg machte.

Noch zeigte sich im Osten kein Schimmer des
nahenden Morgens, da tauchten in dunkeln Um=
rissen die Zinnen von Alteneck in der Ferne auf.
Moosdörfer zog die Uhr und sah, daß es bald
vier Uhr Morgens war. Dennoch blieb ihm
Zeit, und er konnte sein Thier, das er stark an=
gegriffen hatte, jetzt mehr schonen. Vor Tages=
anbruch durfte er doch selbst den pensionirten
Schulmeister, dessen liebliche Tochter so lange
unter seinem gastlichen Dache gelebt hatte, nicht
besuchen.

17 *

Der lange nächtliche Ritt hatte den Bleicher
doch auch müde gemacht. Er empfand eine un=
widerstehliche Anwandlung zum Schlafen, als
das Pferd Schritt zu gehen begann, und sich fe=
ster in den Sattel setzend, ritt er mit mehr als
halb geschlossenen Augen. Da weckte ihn ein
seltsames Zittern des gutmüthigen Thieres aus
seinem Halbschlafe; er schlug die müden Augen
auf und gewahrte, daß das Pferd still stand und
an allen Gliedern bebte... Noch immer halb
schlaftrunken, blickte er um sich, damit er sich
orientire... Der blaß durch weißflockiges Gewölk
scheinende Mond goß sein stilles Licht über moo=
rige Wiesen aus, durch die ein gewundener
Fußpfad fortlief. Diesen Pfad hatte das Pferd
eingeschlagen und bis in die Nähe der Stelle
verfolgt, welche die sieben Fichten hießen. Es
waren dies wirklich sieben sehr alte und hohe
Fichten, zur Seite des Weges auf kleiner Anhöhe
gelegen, welche große Aehnlichkeit mit einem
Hünengrabe hatte, obwohl die Gegend meilen=
weit derartige alte Grabhügel aus heidnischer
Vorzeit nicht aufwies. Wie indessen die seltsamen
Riesensteine auf der Heidenlehne ohne alle Frage
dem Cultus der längst verschollenen Ureinwohner
des Schauplatzes unserer Erzählung gedient hat=

ten, so konnten auch die uralten ungeheuern Fich=
tenstämme an der rundlichen Anhöhe eine ähnliche
Bestimmung gehabt haben. Das Volk wenigstens
hielt den Ort eben so wenig für geheuer wie die
Feengruft, und wen die Noth oder große kör=
perliche Erschöpfung nicht zwang, unter den sie=
ben Fichten zu rasten, der hielt sich bei den stets
unheimlich rauschenden Bäumen gewiß nicht auf.

Moosdörfer's Blicke richteten sich unwillkür=
lich auf die schwarzen Wipfel der ungewöhnlich
großen Bäume, und ein dunkler Schatten, der
von Stamm zu Stamm schwebte, dann den Hügel
umschritt, hier seltsame Bewegungen machte und
endlich in das Moor hinabglitt, wo er hinter
Schilfstauden und Weiden alsbald untertauchte,
fiel ihm auf. Es unterlag keinem Zweifel, das
Pferd hatte sich vor der finstern Gestalt, die
ganz deutlich einen Schatten im Monde warf,
erschrocken. Es erholte sich erst wieder, als die
ungewohnte Erscheinung verschwand, doch war es
nicht zu bewegen, den geraden Weg nach den
Fichten einzuschlagen. Es bog trotz Moosdör=
fer's Hülfen und Zügelführung in den schwan=
kenden Moorboden ab und ließ sich erst auf den
festen Fußsteig zurückleiten, als die sieben Fichten
schon weit hinter ihm lagen.

Der Bleicher war weder furchtsam noch aber=
gläubig, dennoch gab die Gestalt unter den ver=
rufenen Bäumen ihm zu denken, daß er sich der
Erzählungen erinnerte, die von dem Orte im
Munde des Volkes umliefen. Zu gewissen Zei=
ten im Jahre sollte sich nämlich unter den Fich=
ten eine Frauengestalt zeigen, die Viele gesehen,
nie aber Jemand gesprochen hatte. Manchem war
sie in heller, leuchtender Gewandung erschienen,
Anderen wieder in tiefer Trauer... Was sie da=
selbst trieb, wußte Niemand, weshalb sich die
allgemeine Meinung dahin einigte, es spuke
zeitweilig unter den sieben Fichten.

Moosdörfer erklärte sich das Auftauchen der
dunkeln Gestalt sehr einfach, indem er annahm,
ein später Wanderer, unbekannt in der Gegend,
werde eine Zeit daselbst gerastet haben, nur daß
die Zeit mit den Gerüchten zusammenfiel, die
man sich über das Erscheinen der Gestalt erzählte,
der sich noch kein Mensch zu nähern gewagt
hatte, war ihm etwas unangenehm.

Auf dem Schlosse Alteneck schlug die Schelle
Fünf, als Moosdörfer an der Parkseite die Land=
straße wieder erreichte, welche die Dörfer Ober=
und Nieder=Rense mit dem größeren und aus=
gedehnter gebauten Hohen=Rothstein verband. Eine

Stunde später trabte er an dem kleinen Hause
des Organisten vorüber, dessen Fensterladen noch
geschlossen waren. In dem der Kirche nahegele=
genen Schulzenhofe stellte der Bleicher sein mü=
des Roß ein und überließ sich auf dem harten,
mit Leder überzogenem Canapé des Wirthes,
das ihm schon oft zum Ausruhen gedient hatte,
so lange dem Schlummer, bis die Strahlen der
Sonne und das lebhafte Geräusch im Hause ihn
weckten und schnell ermunterten.

7.

Moosdörfer bei dem Organisten.

Tobias Helfer hatte eben den üblichen Mor-
genchoral auf der Glasharmonika beendigt, welcher
in seinem Sinne dem Tage und seinen Geschäften
erst die rechte Weihe gab, als der ungestüme
Joachim mit der ihm eigenen Hast in's Zimmer
trat.

„Abgemacht!" sprach er, ohne den Vater zu
begrüßen, indem er die Mütze auf den Tisch
warf und sich mit beiden Händen das starke,
widerspänstige Haar aufwärts strich. „Für die
nächsten zwanzig Meilen sind Pferde vorausbestellt;
Geld hat der junge Baron — schade um den
Menschen, daß seine Geburt ihn von uns fern
hält — in hinreichender Menge angeschafft, und
es fehlt nun weiter nichts, als daß wir Caspar

glücklich aus seinem vergitterten Loche heraus=
bringen. Else mit ihrem Kinde schaffe ich in der
nächsten Nacht über die Grenze nach R*, ben=
selben Weg schlagen auch wir ein, unb sinb wir
erst Alle beisammen, bann mögen sie beginnen,
was sie wollen, in ihre Klauen bekommen sie
uns wenigstens lebenbig nicht wieber!"

Rahel trat ein unb bot bem riesenstarken
Sohne mit sanfter Stimme guten Morgen.

„Du kommst früh, Joachim," sprach sie, „ge=
wiß hast Du Dir wieber die halbe Nacht keine
Ruhe gegönnt."

„Ist nicht nöthig, Mutter!" fiel ber Sohn
ihr in's Wort. „Ich bin, seit ich bas Papier
burch Lotto=Clemens' Vermittelung in ber Tasche
habe, so aufgeregt, baß ich es im Bette gar nicht
mehr aushalte. Selbst im Hause finde ich selten
Ruhe, unb gehe ich in bie Mühle, so macht bas
eintönige Geklapper mich noch unruhiger. Was
also bleibt mir übrig, als baß ich im Freien
herumlaufe, bis mein Blut sich beruhigt unb
mein Herz wieber gleichmäßiger schlägt? Heute
Morgen bin ich erst nach vier Uhr heimgegan=
gen..."

Die Mutter schüttelte schweigenb ben Kopf
unb seufzte.

„Ich würde Dein Unternehmen eben so sehr
tadeln, wie ich Deine jetzige Lebensweise tadeln
muß," sagte der alte Organist, „handeltest Du
nicht gewissermaßen im Auftrage des Schäfers.
Was der alte Mann billigt und fördert, kann
nicht schlecht sein. Unserm Herzen aber thust Du
dennoch weh, lieber Sohn!... Wir sind eben alt
geworden und hängen mit Liebe an Manchem,
was für Euch Jüngere gar keinen Werth hat,
und da bringt uns denn Sorge und bereitet uns
Kummer und Schmerzen, was Euch das Herz
erleichtert und Freude macht... Wo hast Du die
Nacht zugebracht... Doch nicht unter Gottes
freiem Himmel?... Die Luft streicht scharf und
giftig über das kahle Gefilde."

„An verschiedenen Orten, Vater," versetzte
Joachim. „Zuerst sah ich in Caspar's Hause
nach, ob Alles bereit und in Ordnung sei, und
half Else ihre paar Habseligkeiten einpacken.
Dann schlug ich dem hölzernen Barone den Kopf
ab, weil ich die Fratze nicht mehr am Schöpfrade
ersehen konnte... Später ging ich durch die Wiese
nach Alteneck, um ein paar Worte mit Barbara
zu sprechen. Leider habe ich den Weg umsonst
gemacht, denn die Pforte war verschlossen, und

im hellen Mondlicht überzusteigen wär' doch ein gefährliches Wagniß gewesen."

„Gelobt sei Gott, daß Du es unterließest!" sprach Rahel, die Hände faltend. „Was wolltest Du mit der alten Person noch verhandeln?"

„Verhandeln nichts, Mutter, nur aushorchen wollte ich sie über etwas, das sie vermuthlich ganz allein weiß. Es war Vorsicht, keine Neugierde; darum bedaure ich, daß ich sie nicht sprach. Umsonst indeß habe ich den Weg doch nicht gemacht; ich bin einem Geheimniß auf die Spur gekommen, das ich wohl ganz durchdringen und kennen lernen möchte, lägen mir nicht größere Pflichten zu erfüllen ob."

„Welchem Geheimniß?" fragte aufhorchend der Organist.

„Dem Spuk bei den sieben Fichten," erwiderte Joachim schlau lächelnd. „Ganz aus der Luft gegriffen ist die Geschichte nicht, von umgehenden Geistern oder Gespenstern aber kann eben so wenig die Rede sein. Die Hände, welche unter den alten Bäumen schaffen, gehören so gewiß einem lebenden Menschen an, als ich Joachim Helfer heiße und kein Geisterseher bin!"

„Bist Du dem unbekannten Wesen begegnet?" fragte Tobias.

„Es war meine Absicht, ihm den Weg zu kreuzen, allein der schattenwerfende Geist war klüger als ich," fuhr Joachim fort. „Er hielt sich gerade in solcher Entfernung von mir, daß ich seiner nicht ansichtig werden konnte. Uebrigens hat die Sache ihren eigenen Reiz und verdiente wohl genauer untersucht zu werden. Meiner Ansicht nach steckt ein weibliches Wesen dahinter, das in der Umgegend, vielleicht auf Alteneck wohnt. Am Rande des unbetretbaren Moores läuft durch das Schilf ein schwer zugänglicher Pfad bis an das Erlengebüsch vor dem Schloßberge. In diesem Schilf verlor ich die dunkel gekleidete Gestalt aus den Augen. Halb und halb habe ich die Alte auf Alteneck, die Frau mit dem goldenen Horn im Verdacht."

Tobias schüttelte sein weißes Haupt.

„Darin irrst Du jedenfalls, mein Sohn," sprach er. „Hinge Barbara mit dem Spuk bei den sieben Fichten zusammen, der immer nur im letzten Drittel jedes Jahres dort sein Wesen treibt, so wüßte auch Lotto-Clemens darum..."

„Er weiß auch darum," warf Joachim dazwischen.

„Um das, was man sich erzählt, nicht um den Ursprung desselben."

Joachim zuckte die Achseln.

„Mich soll die Geschichte auch nicht weiter kümmern," meinte er, „auffällig bleibt es aber doch, daß, während die Sagen, welche sich an die Feengruft knüpfen, aus uralter Zeit herstam= men, die Spukgeschichte bei den sieben Fichten erst neueren Ursprungs ist. Vor dem Ende des großen Krieges hat, wie auch der Schäfer zu= giebt, Niemand davon gehört."

Der Organist lächelte.

„Gerade darin liegt für mich der Schlüssel zu einer eben so einfachen als natürlichen Erklä= rung," sagte er. „In jenen unruhigen Zeiten hatte auch unsere Gegend von Truppendurchmär= schen und Einquartierungen verschiedener Kriegs= völker schwer zu leiden. Nicht immer war Un= terkunft für Alle zu schaffen. Zu Tausenden mußten die armen, von Land zu Land gehetzten Menschen unter freiem Himmel campiren, und nicht einmal Zelte gegen Nässe und Frost waren in hinreichender Menge vorhanden. Nun weiß ich mich noch sehr wohl zu erinnern, daß man bei den sieben Fichten eine Wagenburg gebildet hatte, in deren Mitte die Kriegskasse des Regi= mentes sich befand, das in Ober= und Nieder= Rense lag. Eine Menge Wachen patrouillirten

Tag und Nacht um die Wagenburg, die des moo=
rigen Terrains wegen nicht leicht zugänglich war.
Kurz vor der Schlacht bei Leipzig erhielt das
Regiment mitten in der Nacht Befehl zum Auf=
bruch, dem so schnell Folge gegeben ward, daß
früh am Morgen schon jede Spur eines Kriegers
aus der nächsten Umgegend verschwunden war.
Bei den sieben Fichten mußten es die Abziehen=
den besonders eilig gehabt haben, was in An=
betracht der vielen Wagen nicht verwundern
konnte. Der Boden war bis an das unzugäng=
liche Moor von den Hufen der Pferde rundum
zerstampft, an manchen Stellen, und ganz beson=
ders unter den Fichten, an und auf dem Hügel
glich er sogar umgewühltem Erdreich, das vom
vielen Hin= und Hergehen der Menschen und
von dem Gestampf der Pferde allerdings fest
zusammen getreten war. Im nächsten Jahre
darauf, schon im September, wenn die Nächte
länger und finsterer zu werden beginnen, zeigte
sich zuerst die bis dahin nie beobachtete Gestalt,
die ich für einen in's Geheim bezahlten Wächter
halte, dessen Aufgabe es ist, das, was in der
Tiefe des Hügels verborgen liegt, so lange zu
bewachen, bis es von denen abgeholt werden kann,
welche ein Recht daran haben.''

„Nun, das wäre spaßhaft genug,“ fiel Joa=
chim heiter ein. „Man äfft das leichtgläubige
Volk, um vergrabenes Geld sicherer hüten zu
können.

„Das ist meine Meinung,“ sagte der Schul=
meister. „Ich kann irren, das gebe ich zu, daß
aber der sogenannte Spuk unter den Fichten
mit jenen kriegerischen Zeiten zusammenhängt,
werde ich so lange glauben, bis mir das Gegen=
theil bewiesen wird ... Aber was muß ich sehen,“
unterbrach er sich selbst, einen Blick auf die
Straße werfend, deren Staub ein erst am Mor=
gen aufgesprungener rauher Nordwestwind auf=
wirbelte. „Das ist wahrhaftig Freund Moos=
dörfer, der heitern Auges und munter wie im=
mer geradeswegs auf unser Häuschen zusteuert!
Er trägt Sporen an seinen blank gewichsten
Steifstiefeln, und muß also zu Pferde angelangt
sein! ... Aber so früh am Tage! Das hat 'was
zu bedeuten! ... Rahel, sieh’ nach, ob noch ein
Glas Wein in unserm Keller aufzutreiben ist!
Ich kenne den lieben, braven Feinschmecker, und
weiß, daß er ein paar Tropfen Traubenblut dem
besten Kaffee jederzeit, selbst bei nüchternem Ma=
gen, vorzieht.“

Joachim’s Mutter begrüßte zuerst den wohl=

habenden Bleicher, der so viel für ihre Tochter
gethan hatte, ehe sie dem Winke ihres Mannes
folgte, herzlich an der Schwelle des Hauses und
geleitete ihn in das niedrige Wohnzimmer, das
lange Jahre hindurch um Tobias die Jugend
von halb Hohen-Rothstein versammelt hatte. Joachim zog sich zurück, denn er war kein Verehrer
Moosdörfer's, obwohl er dessen Verdienste um
Hebung der Industrie willig anerkannte und
auch zugab, daß er edel an seinen Eltern gehan-
delt hatte. Das höflich geschmeidige Wesen desselben und die fast immer lächelnde Miene sagte
seiner sittlichen Geradheit nicht zu und machte ihn
sogar mißtrauisch gegen ihn, obschon Moosdörfer's Handlungsweise dem Sohne des Organisten,
niemals Veranlassung gegeben hatte, die Ehrlichkeit seines Charakters in Zweifel zu ziehen.

„Gesegnet sei Ihr Eintritt!" rief Tobias er-
freut dem Bleicher entgegen, welcher den alten
Freund herzlich umarmte und auf beide Wangen küßte, eine Begrüßungsart, die er seinem
Bruder, dem Kanonikus nachahmte, der bei ihm
in hohem Ansehen stand.

„Charmant, charmant," sprach er, sich zweimal um die eigene Achse drehend, um den alten,
radförmig geschnittenen grautuchenen Reitmantel

in den Händen des Organisten zurückzulassen. „Charmant, daß ich die liebe Familie Helfer so schön beisammen treffe."

„Bis auf die Tochter," unterbrach ihn Tobias.

„Richtig, bis auf die Tochter!.. Ein liebes, zartes, sanftes Kind, die Andrea! Wird ihr auch gewiß recht gut ergehen im Leben."

„Davon ist gegenwärtig noch wenig zu spüren, Herr Moosdörfer," fiel mürrisch der trotzig blickende Joachim ein, der mit gekreuzten Armen an dem kleinen Stehpulte lehnte, welches die wichtigsten Papiere des pensionirten Schulmeisters enthielt.

Moosdörfer nahm Platz in dem Sessel, welchen Tobias Helfer ihm zurecht rückte, und wandte die großen, hellen Augen dem Graupenmüller zu, ohne daß sich der lächelnde Zug um seinen genußsüchtigen Mund verlor.

„Gut Ding will Weile haben, heißt's im Sprichworte," entgegnete er auf Joachim's Einwurf, indem er die Schöße seines braunen Rockes sauber über die prallen Schenkel legte. „Erst dienen, lernen, Erfahrungen sammeln, sich selbst erkennen, und dann glücklich oder zufrieden werden, ist aller Menschen Lebensberuf. Sie selbst, junger Freund, wissen davon zu erzählen, und

daß ich recht habe, bestätigt die Lage, in der
Sie augenblicklich sich befinden. Gratulire von
Herzen und komme, um Ihnen diesen meinen
aufrichtigen Glückwunsch persönlich zu überbringen.
Haben Sie den Tag der Abreise schon bestimmt?"

Bei dieser lächelnd an ihn gerichteten Frage
des Bleichers röthete sich das Weiße im Auge
Joachim's, und seinem ganzen Aeußern war es
anzusehen, daß er hart mit sich kämpfen mußte,
um nicht eine sehr herbe Antwort zu geben.

„Tag der Abreise schon bestimmt?" versetzte
er stammelnd und die Lippe höhnisch aufwerfend.
„In welchem Busche haben Sie denn gar zu
leichtgläubig dem Echo ihr Ohr geliehen?"

Moosdörfer schien sich an dem tiefschwarzen
Glanz seiner Stiefeln zu weiden, so selbstgefällig
lächelnd betrachtete er sie.

„Junger Freund," fuhr er fort und in seinen
bräunlichen vollen Wangen bildeten sich Grübchen,
„ein bloßes Echo hat für einen Mann in meinen
Jahren keinen Reiz; ich höre nur dann auf
Stimmen, die in der Luft schwimmen und von
den Flügeln des Windes weiter getragen werden,
wenn mich deren Inhalt fesselt. Sie wissen, es
fehlt mir nicht an Verbindungen weder im Süden
noch im Norden, und bin ich auch keiner von

denen, die ihren Namen nur wie eine Glocke ge=
brauchen dürfen, sollen Tausende auf sie hören,
so kennen mich doch Manche, welche bereit sind,
mir einen Gefallen zu thun, wenn ich sie darum
ersuche. Da ist z. B. der Schmalbacher in Kamnitz,
der schickt für mich, wenn ich ein Seidel vom
Besten mit ihm trinke, einen Expressen bis nach
Venedig. Von ihm komme ich eben her, und
unterwegs im Tannenhof zwitscherten mir die
Sperlinge vor, der Graf habe sich bereden lassen
und Ihnen die Erlaubniß gegeben, Ihren Bruder
in Amerika zu besuchen. Ich dachte gleich: halt',
dacht' ich, da wird's eilig zugehen, und wenn Du
dem Bruder der nieblichen Andrea noch einen
Dienst erweisen willst, mußt Du schnell Dein
Rößlein besteigen und nach Hohen=Rothstein reiten.
That's, bin vor zwei oder drei Stunden ange=
kommen und stelle mich Ihnen hiermit zur Ver=
fügung."

Der Blick des Bleichers, welcher jetzt dem
beschämt sich senkenden Auge Joachim's begegnete,
war groß und vielsagend. Er drang dem jungen
Manne tief in's Herz und entlockte dessen Mutter,
die während der Rede Moosdörfer's wieder ein=
getreten war, Thränen der Rührung und des
Dankes.

„Verzeihen Sie einem Unglücklichen, daß er Beweise der Liebe mit Undank lohnen wollte," sprach Joachim, Moosdörfer die Hand bietend. „Es drückt mich Vieles, und ich kann's nicht haben, wenn Andere mir auf die Finger sehen... Ja, es ist, wie Sie sagen, ich wandere aus, will's Gott, und bald, vorher aber liegt mir noch die Vollbringung eines großen Werkes ob."

Er seufzte und schlug abermals die Augen nieder. Moosdörfer richtete den Blick fragend auf den Organisten, der mit vorgebeugtem Haupte dem Sohne gegenüber saß und mit seinen Gedanken abwesend zu sein schien.

„Ein Freund in der Noth wiegt eine Armee auf," sagte er. „Ich meine es gut und ehrlich mit der Familie Helfer!.. Soll mir verborgen bleiben, was Sie mit Kummer erfüllt?"

„Beim Himmel, nein!" rief Tobias, schob seinen Stuhl an den des Bleichers und flüsterte diesem wenige Worte leise in's Ohr. „Es ist ein gefährliches Wagniß," setzte er laut hinzu, „aber ich darf ihm weder abrathen, noch ihn daran hindern, da unser alter Schäfer es billigt."

„Hab' es vorhergesehen und muß Ihren Sohn seiner uneigennützigen Standhaftigkeit und

Treue wegen loben," sprach Moosdörfer. „Möge das Vorhaben gelingen!"

Er knöpfte seinen braunen Rock auf, zog eine große, vielgebrauchte Brieftasche hervor und blätterte darin.

„In welchem Hafen gedenken Sie sich einzuschiffen?" fragte er den still gewordenen Joachim, der zu spät einsah, daß er Moosdörfer Unrecht gethan und dafür eine empfindliche Zurechtweisung verdient hätte.

„Ich stimme für Hamburg," antwortete der Vater anstatt des Sohnes. „Unser Ludwig schlug denselben Weg ein und ihm ist es drüben geglückt. Mit Hamburg stehe ich gewissermaßen auch in Verbindung, da ich durch einen Bekannten Ludwig's amerikanische Blätter erhalte. Bei diesem findet Joachim jedenfalls freundliche Aufnahme."

„Gut, sehr gut," sagte Moosdörfer, entnahm seiner Brieftasche ein Blatt Papier und schrieb einige Worte mit Bleistift darauf. „Hamburg aber ist groß und die Leute haben dort, weil Jeder möglichst viele Geschäfte machen will, wenig Zeit... Ein Bekannter ist so gut wie gar keiner, eine richtige Empfehlung wirkt mehr. Eine solche, junger Freund, enthalten diese Worte. Sie dürfen

das Papier dem Manne, dessen Namen darauf
steht, nur persönlich übergeben. Er kennt mich
und weiß ein Wort von mir zu schätzen... Ha=
ben Jahre lang immer nur herzlich über Ge=
schäfte einander geschrieben und sind niemals
in Differenzen gerathen. Der Mann wird Ihnen
mit Rath und That an die Hand gehen, nur
müssen Sie auch thun, was er sagt... Wohnt
Rödingsmarkt, Westseite, und hat ein großes, altes,
gut accreditirtes Geschäft."

Er überreichte Joachim das lose zusammen=
gefaltete Papier, der es mit stummem Dankes=
blicke annahm und zu sich steckte. Darauf richtete
Moosdörfer seine Worte wieder an den Organisten.

„Bin eigentlich hieher geritten, um dem Herrn
Grafen meine Aufwartung zu machen," fuhr er
fort, indem er das Glas Wein, welches Rahel
ihm schon zum dritten Male präsentirte, annahm,
es aber unberührt auf den Tisch stellte. „Will
hören und sehen, wie die Mäuse im Schlosse
pfeifen, und die Melodie meinem Gedächtniß ein=
prägen... Lege mir eine ganze Sammlung solcher
Melodien an und hab' daran meine Freude."

Er nippte von dem Weine, und wenn sich
auch der lächelnde Zug in seinem wohlgenährten,
glatten Gesichte nicht verlor, lag doch in dem

schneidend scharfen Blicke, welcher Tobias Helfer
nur streifte, etwas Dämonisches, das Zweifel
an der Herzensgüte des Bleichers, die er für
gewöhnlich zur Schau trug, aufkommen lassen
konnte.

„Muß auch einmal nachsehen, was mein ehe=
maliges Pflegetöchterchen in ihrer jetzigen glän=
zenden Umgebung macht,“ sprach er weiter und
das Lächeln auf seinem Gesicht ward sonniger...
„Junge Mädchen sind leicht zu verwöhnen, be=
sonders wenn sie so hübsch aufblühen, wie der
braunäugige Schalk Andrea... Hab’ mir vorge=
nommen, sie väterlich zu verwarnen, und will
dabei dem Herrn Grafen in die Karte sehen...
Ist’s schon lange her, daß ihm die Harmonika=
töne die Nerven angreifen? Wollt’ es kaum glau=
ben, als Andrea meiner Frau davon schrieb, denn
ich meinte immer, wer dem russischen Winter
von Anno Zwölf entging und diesem weiter nichts
zum Andenken hinterließ, als drei kleine Finger=
spitzen, müsse unverwüstliche Nerven haben...
Aber freilich, klopft das Alter an die verschlossene
Kammerthür, hinter der wir schlaflos auf wei=
chem Pfühle der fröhlichen Vergangenheit geden=
ken, dann werden wir schwach, und Alters=
schwäche macht die Nerven entweder stumpf oder

sehr empfindlich... Ich kenne ein Mittel gegen Nervenschwäche und werd' es dem Grafen an= rathen, wenn ich sonst mit ihm zufrieden bin."

Joachim sog jedes Wort des Bleichers be= gierig ein, während sein Vater nur zerstreut zu= zuhören schien. Als Moosdörfer schwieg, dessen Worte sich beliebig deuten ließen, sagte er:

„Daß ich die Schwester im Dienste dieses Menschen zurücklassen muß, vergällt mir die Freude, der ich mich so gern hingeben möchte und die mir wohl auch zu gönnen ist. Geschähe Andrea ein Unglück, ich weiß nicht, was daraus entstehen würde!"

„Es wird ihr nichts passiren, ich bürge dafür," entgegnete Moosdörfer. „Man muß die Men= schen nie schlechter machen, als sie sind!.. Kenne den Herrn Grafen und kannte ihn schon, als er verwundet den Dienst quittirte. Der alte Schäfer begleitete ihn damals noch in der Uniform. Er war, glaub' ich, Unterofficier in des Grafen Regiment, und sehr vertraut mit seinem Herrn. In jenen Tagen leistete ich ihm die ersten Dienste und fand dabei, daß es nichts Schlechtes giebt in einem verderbten Herzen, aus dem sich nicht Capital machen ließe für die Besserung der ganzen Menschheit!.. Damit tröste ich mich, wenn's

irgendwo drüber und drunter geht, und es den
Anschein gewinnt, als hielten die Bösen die
Zügel der Weltregierung. Bekehren Sie sich zu
diesem Glauben, junger Freund, und Sie wer=
den es bald an sich, wie an denen, die Ihnen
nahe stehen, erleben, daß der liebe Gott — oder
sagen Sie lieber die Vorsehung — Schlechtig=
keiten, Verbrechen und Sünden nur geschehen
läßt, damit am Ende sein Wille geschehe...
Wozu ist der Teufel da, wenn er mit denen, die
sich zu ihm halten, nicht tapfer arbeiten soll?..
Ich trinke immer ein Seidel Wein mehr, wenn
ich einen solchen wohlgerathenen Teufelsbau in
all' seiner verführerischen Pracht sich erheben
sehe, und denke bei mir selbst, der alte, böse
Schalk hat sich doch geschickte Gesellen zugelegt,
die ihm so prächtig den Willen thun und doch
einen Mächtigeren noch mächtiger machen..."

Moosdörfer knöpfte seinen Rock wieder zu
und stand auf. Er gab Joachim die eine, dessen
Vater die andere Hand.

„Im Schulzenhofe wird sich mein Brauner
verschnauft haben," fuhr er fort, „ich werde ihn
also wieder besteigen, um auf Schloß Rothstein
meine Mission zu erfüllen... Soll ich das Töch=
terchen von den lieben Aeltern grüßen?.. Danke,

danke, werb' es bestellen ... Und wenn der da
mit der krausen Stirn jenseit der Berge ange=
kommen ist, soll das Töchterchen wieder einmal
wie ehedem das Ohr der Mutter den Beichtstuhl
sein lassen, in dem sie ihr Herz erleichtert...
Keine Einwendung, Mütterchen!.. Weiß genau,
was ich thue und was ich will, und werb' Alles
auf's Beste besorgen."

Er ließ sich nicht länger halten. Mit lächeln=
dem Gruße verabschiedete er sich von Rahel, die
ihm gerne noch geheime Aufträge an die Tochter
mitgegeben hätte, mit einer raschen Umarmung
von Tobias Helfer. Die Begleitung desselben
bis vor die Thür, welche der Organist jedem Be=
sucher zu Theil werden ließ, lehnte er wie immer
sehr bestimmt ab.

Joachim war an's Fenster getreten und folgte
sinnenden Auges dem Manne, dessen Wesen ihm
stets räthselhaft erschienen war und dem er bald
einen guten, bald wieder einen schlechten Charakter
vindicirte, je nachdem der Bleicher sich denen
offenbarte, die mit ihm durch Zufall oder in Ge=
schäftsangelegenheiten in Berührung kamen.

Im Stockhause.

Caspar Spät hatte schwere Wochen und Monate in seiner strengen Haft verlebt. Anfangs, wie Gerichtsboten plötzlich in seinem Hause erschienen und ihn den Armen seiner jammernden Frau entrissen, war er sprachlos vor Erstaunen, und vielleicht nur diesem Erstaunen hatte er es zu danken, daß er sich nicht zur Wehr setzte. Es war Caspar nicht in den Sinn gekommen, daß die Vorladung des Barons durch den spitzbübischen Bedienten, dessen Anblick ihm schon die Galle überlaufen machte, irgend eine Bedeutung für ihn haben könne. Darum legte er gar kein Gewicht darauf und lebte sorglos nur seiner Arbeit.

Im Kerker erst, der eng war und jeder Be=

quemlichkeit entbehrte, kam der junge Schreiner
wieder zu seiner vollen Besinnung. So traurig
augenblicklich seine Lage war, konnte er sie doch
nicht für bedenklich halten im Vorgefühl seiner
Unschuld, die ihn nicht einmal eines leichten Ver=
gehens, viel weniger eines schweren Verbrechens
zieh. Aber je länger er über die Veranlassung
seiner unerwarteten Verhaftung nachdachte, desto
erklärlicher ward ihm dieselbe. Es ruhte auf ihm
der dunkle Schatten eines Verdachtes, der unter
ungünstigen Verhältnissen, wie sie ohne Zweifel
eingetreten waren, eine Untersuchung zur Folge
haben mußte. Faßte Caspar seine Lage von
dieser Seite auf, so mußte er noch dem Zufall
danken, der es zu einer Untersuchung kommen
ließ; denn nun hatte er ja nichts weiter zu thun,
als den Beweis zu führen, daß er unschuldig
sei. Mit dem Bewußtsein seiner Unschuld im
Herzen erschien ihm dies leicht, weshalb er denn
auch gutes Muths vor den Verhörrichter trat,
dessen Fragen frei und ehrlich zu beantworten
er fest entschlossen war.

Man ließ ihn nicht lange warten, aber zu
Caspar's großem Aerger sah er sich schon jetzt
wie ein überführter Verbrecher behandelt.

Der Untersuchungsrichter, ein schon bejahrter

Mann, der eine Brille mit großen runden, grünen
Gläsern trug, über die nach jeder Frage die
etwas schielenden grauen Augen hinwegblickten,
gefiel ihm nicht. Er hatte so gar nichts Ver-
trauenerweckendes, war kalt wie ein Eiszapfen
und fragte schnarrend wie ein Automat. Dabei
störte den Tischler das Kritzeln der Protokollan-
ten, die fortwährend schrieben, ihn aber mitten
im Schreiben doch bisweilen recht giftig an-
blickten.

Die Fragen des Untersuchungsrichters hatten
anfangs durchaus nichts Verfängliches, wenigstens
meinte das Caspar, aber sie waren so zugespitzt,
daß sie immer nur eine kurze Antwort, keine
Motivirung derselben zuließen, und schon am
Schlusse des ersten Verhöres ahnte der arglose
Tischler, daß er durch seine Antworten dem Gericht Material zu einer Anklage auf Tod und
Leben gegeben haben könne...

Eine Menge von Zufälligkeiten, denen Caspar
kein Gewicht beilegte, vereinigten sich, den Untersuchungsrichter, einen streng rechtlichen, aber pe-
dantischen Bureaukraten, dessen starke Seite die
Psychologie nicht war, in der Annahme zu be-
stärken, er habe es in dem Angeklagten mit einem
verstockten Verbrecher zu thun. Denn wenn Caspar

Spät auch bei allen an ihn gerichteten Fragen
keine Ausflüchte machte, sondern vielmehr ein
unbefangenes und vollkommen ehrliches Gesicht
zeigte, so ließ er sich doch zu keinem Geständniß
herbei, sondern läugnete Alles. Aber die Ver=
dachtsgründe, man habe in dem Tischler den
Mordbrenner von Ober=Nense vor sich, häuften
sich dergestalt, daß über den Ausfall des Urtheils=
spruches selbst Caspar's Anwalt nicht in Zweifel
sein konnte. Man hatte den Tischler, welcher
seinen Groll gegen den Baron Niemand ver=
hehlte, am Tage des Brandes, ja selbst noch in
der Dämmerung in unmittelbarster Nähe des
später in Flammen aufgehenden Hofes anscheinend
zwecklos umherstreifen sehen; Caspar gab zu,
daß er Stahl, Stein und Schwamm bei sich ge=
habt, ja daß er sich derselben auch bedient habe,
um — wie er sich ausdrückte — nicht kalt rau=
chend zu Hause gehen zu müssen. Mit den auf=
gegriffenen Fremden, deren er erst ansichtig wurde
im hellen Schein der auflodernden Flammen, und
in deren Gegenwart ihm höchst gravirende Worte
über die Person des Baron's, über dessen Cha=
rakter 2c. entschlüpft waren, hatte er gesprochen und
dabei unvorsichtigerweise sogar die Aeußerung fal=
len lassen, das so lustig brennende Feuer, das man

lieber schüren als löschen solle, werde wohl seinen
Grund haben!..

Unter solchen Umständen mußte trotz fort=
dauernder Betheuerung seiner Unschuld ein ver=
dammendes Urtheil das Haupt des Unbesonnenen
treffen. Außer dem ungestümen Joachim Helfer,
welcher durch seine leidenschaftliche Heftigkeit dem
Jugendfreunde mehr schadete als nützte, und sich
bei einem Haar dem Gericht selbst verdächtig ge=
macht hätte, stand Niemand auf, der für Caspar's
Unschuld sprach. Es war eben kein Mensch vor=
handen, dessen Aussage die beschwerenden Ver=
dachtsgründe hätte entkräften können. Das Ge=
richt mußte ihn verurtheilen, wollte es nicht
parteiisch erscheinen; denn wenn dem Tischler Spät
auch kein anderes Vergehen von früher her zur
Last gelegt werden konnte, erschien er im Licht
der Untersuchung doch als ein Mann, dem man
laut seiner Aeußerungen und in Folge des Has=
ses, den er gegen den Baron von Alteneck zur
Schau trug, eine solche That der Rache zutrauen
durfte.

Mit dumpfer Resignation fügte sich Caspar
in das Unabwendbare, wenn er auch Stunden
hatte, in denen er vor Grimm Gott und Men=
schen zu fluchen Lust in sich spürte. Den Ver=

brechertod sterben zu sollen, weil er immer nur
zu ehrlich gewesen war, um zu heucheln, Bevor=
zugten und Mächtigen zu schmeicheln und bei
offenbaren Schändlichkeiten die Augen schweigend
zuzudrücken, dünkte ihm doch sehr hart. Wer
mochte es dem lebenskräftigen, kerngesunden
Manne verdenken, daß er in schwachen Stunden,
wo bei dem Gedanken an Weib und Kind die
Lust zum Leben mit neuer Stärke in ihm er=
wachte, das gerechte Walten der Vorsehung, die
schreiende Ungerechtigkeiten zuließ, bitter grollend
in Zweifel zog? . . .

Ueber harte oder strenge Behandlung hatte
Caspar Spät sich nicht zu beklagen. Wäre sein
Gefängniß etwas größer, nicht so entsetzlich kahl
und das Fenster, aus dessen blinden Scheiben
er über spitze Dachgiebel nur einen Streifen
Himmel erblicken konnte, nicht dicht vergittert ge=
wesen, so hätte er sich eher mit seiner Lage aus=
gesöhnt. Der Stockmeister, welcher ihn täglich
einige Male besuchte, war ein drolliger, in seiner
Art gemüthlicher Mann. Er unterhielt sich gern
mit jedem Gefangenen, am liebsten aber mit
solchen, die eines schweren Verbrechens bezichtigt,
überführt oder geständig waren. Diese behandelte

er mit einer gewissen Zärtlichkeit, indem er nicht versäumte, sie ihres Schicksals wegen zu trösten.

Für Caspar Spät fühlte Fridolin eine wirk= liche Zuneigung, die er dem Gefangenen auf alle Weise zu erkennen gab. Das hielt ihn aber nicht ab, dem unschuldig zum Tode Verurtheilten auch Geschichten zu erzählen, welche diesem das Haar zu Berge steigen machten und ihn mit Grausen und Entsetzen erfüllten.

Fridolin begrüßte die wenigen Personen, welche den Tischler nach erhaltenem Urtheilsspruche se= hen und sprechen durften, sehr freundlich und führte sie selbst in die Zelle des Gefangenen. Wer ihn dann zu behandeln verstand, dem ge= stattete der friedliebende Stockmeister auch ein kurzes Gespräch unter vier Augen mit dem Ein= gekerkerten.

So gelang es denn, Caspar von den Plänen seiner Freunde zu unterrichten und ihm das, was er zu wissen brauchte, mitzutheilen. Niklas Wacker übernahm es, dem Tischler einen Anzug zuzustecken, den er selbst gewöhnlich trug, wenn er in der Kreisstadt Geschäfte in seiner Eigen= schaft als Schulze zu besorgen hatte. In diesem Anzuge kannte ihn der Stockmeister sowie dessen Knechte, und wenn man noch für eine Perrücke

sorgte, so ließ sich eine Wette darauf eingehen,
Caspar, welcher an Figur dem Schulzen Wacker
glich, werde im Abenddunkel von dem Aufpasser
an der Thür des Stockhauses für diesen gehal=
ten werden.

Im Anfang erschrak Caspar Spät über den
Vorschlag, der ihm zuerst von Joachim Helfer
mitgetheilt ward. Er weigerte sich, darauf ein=
zugehen, weil er im Fall des Mißglückens für
seine Freunde fürchtete. Bei ruhigerer Ueberle=
gung indeß schien ihm das Gelingen wahrschein=
licher als das Mißlingen, besonders nach An=
hörung des Schulzen Wacker und mit Berück=
sichtigung von Fridolin's Charakter, welchem die
Freunde des Verurtheilten bei dem Entwurf
ihres Planes mit Rechnung getragen hatten. Er
sagte also zu und versprach, jeder Weisung, die
man ihm in der entscheidenden Stunde geben
werde, unweigerlich Folge zu leisten.

Es war ein sehr finsterer, windiger Abend,
als bei rieselndem Regen die Glocke des Stock=
hauses geläutet wurde. Fridolin saß in seinem
Zimmer und spielte, was er sehr gern und des=
halb auch häufig that, mit sich selbst Patience.
Es ist dies für einen Menschen, der an Denken
gewöhnt ist, jedenfalls ein sehr langweiliges

Spiel, in Fridolin's Stellung indeß mochte es
mancherlei Empfehlendes für sich haben. Zunächst
zerstreute es ihn, und da er sich bei gewissen
Karten Gefangene dachte, deren Bewachung ihm
anvertraut war, so gewährte es ihm auch wirk=
liche Unterhaltung. Ferner machte eine so stille
Unterhaltung, zu der sich immer greifen ließ,
kein Geräusch, und das war viel werth in einem
Hause, das von oben bis unten mit Gefangenen
vollgepfropft war.

„Aha!" sagte er aufhorchend, und den Schel=
lenkönig — Fridolin spielte nur mit deutschen
Karten — neben den grünen Oberst legend, „da
kommt unsere Abendgesellschaft. Es ist der letzte
Trost, an dem sich des armen Tischlers Seele
erlaben soll, ehe ihm Meister Fix das Lebenslicht
mit seinem zweischneidigen Schwerte ausputzt...
Der arme Teufel dauert mich eigentlich, denn
für einen Mordbrenner ist's eine verdammt gute
Haut!... Ich habe Kerle von dieser feurigen
Couleur unter Verschluß gehabt, denen der Teufel
gleich bei ihrer Ankunft in der Hölle eine Stelle
als Oberseelenbrater angewiesen haben muß,
wenn er sie nach Verdienst hat belohnen wollen!...
Ei so wartet doch, bis ich meinen verlorenen
Schuh wieder angeschlappt habe" — fuhr er fort,

19*

da die Glocke zum zweiten Male gezogen wurde
— „die wenigsten Leute haben's so eilig mit dem
Hereinkommen. Wenn ich die Pforte aufschließe,
um hier zur Erkenntniß Gekommene wieder hin=
auszulassen, da gleiten sie freilich wie Wiesel
um mich herum, ohne Gruß und Dank, und fort
sind sie, als führe sie der Drache unsichtbar durch
die Luft!"

Er stülpte eine Mütze über den grünen Au=
genschirm, den er Abends immer trug, um seine
stets etwas entzündeten Augenlider zu schonen,
und nahm den großen Schlüssel, welcher das
Hauptschloß der Pforte öffnete, das erst bei Dun=
kelwerden abgeschlossen wurde, von dem Wand=
haken. Der dienstthuende Knecht trat eben dem
Stockmeister entgegen, als dieser, eine kleine Blech=
lampe in der Hand, die Thür seines Zimmers
öffnete.

„Da nimm, Toms," sprach Fridolin und
überlieferte dem Knechte den großen Schlüssel,
der einen Bart von zwei Zoll Länge und Breite
hatte. „Es wird der Schulze aus der Einöd' mit
noch zwei oder drei Anderen sein. Angemeldet
haben sie sich schriftlich schon vorgestern. Sie
wollen dem Feuermann, dem Tischler, die rechte
Stimmung beibringen. Schließ' ihnen die Zelle

auf und störe sie nicht. Auch der ärmste Teufel
will noch 'was vom Leben haben, wenn's ihm
auch nur Kummer und Elend gebracht hat...
Beim Daus, sie läuten zum dritten Male!..
Lauf', was Du kannst, ich muß nach meiner
Karte sehen, sonst komme ich um's ganze Plai=
sir!..."

Fridolin war schon wieder vertieft in sein
Spiel, als er die Tritte der Männer auf der
steinernen Treppe vernahm. Ungern ließ er sich
in seiner angenehmen Abendunterhaltung stören,
allein sein Pflichtgefühl und die Amtsinstruction
verlangten, daß er die Ankömmlinge wenigstens
mit halbem Auge anblicke. Er schob daher sei=
nen Sessel zurück und stieß die Thür auf. Der
Schulze Niklas Wacker war der Erste, welcher
die Treppe heraufkam. Ihm folgte Joachim
Helfer, den Beschluß machte der lustige Anton,
Horatio's Freund, der leise scandirend hinter sei=
nem Vorgängern einige Stufen zurückgeblieben
war. Als der grüne Schirm des Stockmeisters
in den Gesichtskreis des Studenten kam, blieb
Anton Wacker mitten auf der Treppe stehen,
setzte seine kleine Studentenmütze mit dem far=
bigen Bande schief auf sein stark gelocktes Haar,
schwang den Ziegenhainer, den er führte, wie

eine Herculeskeule, so daß der hagere Fridolin, in dessen Körper keine Heldenseele wohnte, von dem Treppengeländer zurückfuhr, und sprach mit seinem gewöhnlichen Pathos:

„Reiche die Hand mir herab von der sicher umfriedeten Zinne,
Daß ich sie halte zum Trost an dem Orte, wo Schauer mich fasset.
Fridolin nennest Du Dich, wie ich höre, und lebt Dir ein Bruder,
Wahrlich, so hat er geworfen mich einst hinter eisernes Fachwerk,
Daß ich erfahre, was herrlicher sei, ob Kneipe, ob Carcer?
Und bei Apollo, Du ähnelst genau dem fidelen Gesellen,
Der nicht zürnend sich wandte mir ab, als er staunend entdeckte,
Daß ich besaß, was bei Strafe verbot das strenge Gesetz mir.
Denn Du mußt wissen, uns Söhne Apollo's schützt Pallas Athene,
Deckend mit ewiger Nacht die Frevler, die uns verfolgen."

Es war dem Stockmeister nicht zu verargen, daß er den wohlbeleibten jungen Wacker mit Augen ansah, die es zweifelhaft ließen, ob er ihn für toll oder nur für stark angetrunken hielt. Ihm war schon manche seltsame und excentrische Persönlichkeit zu Gesicht gekommen, ein Mensch aber, der in Versen sprach, bei heidnischen Göttern schwor und dabei doch nur die alltäglichsten Dinge sagte, war ihm noch nicht begegnet. Erst die Anrede des Schulzen von der Einöd'

stellte das Gleichgewicht in dem Zweifelnden
wieder her.

„Verzeiht, Fridolin," sprach Niklas Wacker,
„daß ich Euch dies stachlige Gewächs zuführe.
Es steckt in dem Menschen eine Wißbegierde,
die nie zu befriedigen ist und der er die größten
Opfer bringen kann. Wie das Innere eines
studentischen Gefängnisses aussieht, weiß er lei=
der! Das genügt aber meinem wißbegierigen
Herrn Sohne nicht. Er muß jetzt durchaus auch
die Beschaffenheit eines bürgerlichen Kerkers
kennen lernen, sonst kommt sein Geist nicht zur
Ruhe."

„Ueber strömet von Geist Dir die Lippe, edler
Erzeuger!" fiel sogleich Anton ein, die Hand
des schüchtern nach seinem Zimmer zurückweichen=
den Fridolin festhaltend, und fuhr fort:

„Würdig nur wandelt auf Erden der Mensch, welcher tastend
und ringend
Sucht zu ergründen der Dinge Gestalt, so der guten wie
schlechten.
Darum begehr' ich zu schauen das Grab, wo Philister man
einsargt,
Die sich entwinden der Sitte Gebot, um als Herren zu walten.
Aber ich bin schon im innersten Herzen befriedigt, auf Ehre!
Und so bescheid' ich mich still gelassen; denn nimmer beglückt
es,
Wenn in verderblichem Drange der Mensch sich selber verkennet.

Sei denn Stütze Du mir, o Fridolin, Cerberuspfleger!
Schließe die Brust mir auf, die umpanzerte, seufzerdurchhauchte,
Und während diese hier trösten den Mann im Geschmeide der
Ketten,
Lehre Du mich, o Freund, die Kunst des Patiencespieles!"

Das war ein Wort, welches dem Stockmei=
ster zu Herzen drang. Sein ganzes Wesen ver=
änderte sich; er vergaß momentan seine amtliche
Stellung und unterschätzte deren Wichtigkeit, und
indem er dem Schließer durch einen Wink be=
fahl, Joachim Helfer und Niklas Wacker in die
Zelle des Verurtheilten zu führen, trat er selbst,
von Anton gefolgt, dessen Verse ihm höchlichst im=
ponirten, in das schmale Zimmer, wo er sich bei sei=
nem lieben Spiel die langen Abende abkürzte.

Anton drückte die Thür leise in's Schloß; er
hätte sie gern auch verriegelt, allein ein Riegel
war nicht vorhanden.

Fridolin achtete nicht auf die verdächtigen
Manipulationen des muntern, redelustigen Stu=
denten, der von ihm in die süßen Geheimnisse
des Patiencespieles eingeweiht zu werden wünschte.
Und es schmeichelte doch seiner Eitelkeit, daß er
wenigstens etwas wußte, wovon der junge Ge=
lehrte noch keinen Begriff hatte. Er schob also
das Spiel Karten zusammen, mischte es, bat

seinen Gast, ihm gegenüber Platz zu nehmen, und begann, ganz vertieft in sein Wissen, mit großem Eifer zu dociren.

Anton Wacker gewahrte sehr bald, daß die Gedanken seines hagern vis-à-vis nur beim Spiel, nicht bei dem Gefangenen seien, um dessen Befreiung es sich handelte. Ihn ganz davon abzuziehen und ihn so zu fesseln, daß er vergaß, was ihm zu thun oblag, war Anton's Zweck und Aufgabe, und er zweifelte keinen Augenblick, daß er sie zur vollen Zufriedenheit seiner Auftraggeber lösen werde.

Draußen ward es bald still, ein **Zeichen**, daß Wacker's Vater und Joachim Helfer in der Zelle des Verurtheilten weilten. Der Schließer, welcher voraussetzen mußte, der Stockmeister handle nach besonderen Instructionen, blieb auf den Wink des Schulzen, der für ihn eine Respectsperson war, auf dem Corridor, den eine einzige, von der gewölbten Decke herabhängende Lampe nur spärlich erleuchtete. Die Thür des Gefängnisses blieb unverschlossen, und da es keinem Gefangenen erlaubt war, Licht in seiner Zelle zu brennen, so herrschte bei der sehr dunkeln Nacht vollständige Finsterniß darin.

Die Unterhaltung mit Caspar Spät dauerte

geraume Zeit. Sie ward so leise geführt, daß
der Schließer nichts davon verstand. Der Mann,
nicht eben der Hellsten einer, nahm auch wenig
Interesse daran. Das Leben im Stockhause, wo
es oft wenig Ruhe gab, langweilte ihn gründ=
lich; er fand es nur erträglich, wenn er Abends,
was der nachsichtige Fridolin gestattete, einen
erquickenden Trunk zu sich nehmen konnte. Es
war das gewöhnlich die ruhigste Zeit des ganzen
Tages, und diese Zeit benutzte der Schließer,
um ein wenig auszuruhen. Dabei kam es wohl
vor, daß er für ein paar Minuten einnickte. Da
indeß sein Gehör scharf und er daran gewöhnt
war, auf jedes Geräusch zu achten, ermunterte
er sich jederzeit schnell und konnte mithin für
einen musterhaften Wächter gelten.

Die Neigung zum Schlaf übermannte ihn
auch jetzt wieder. Er setzte sich auf die oberste
Treppenstufe, ließ den Kopf auf die Brust sinken
und begann alsbald vernehmbar zu schnarchen.

Fridolin hätte das rasselnde Geräusch des
schlafenden Schließers in seinem Zimmer hören
müssen, wäre er nicht ganz vertieft in das Pa=
tiencespiel gewesen, dessen Regeln er dem mun=
tern Studenten einzuprägen sich bemühte. Anton
Wacker stellte sich höchst einfältig, richtete die

albernsten Fragen an seinen Lehrmeister, und
machte dazwischen in hochtrabenden Hexametern,
die Fridolin wieder nicht capirte, die unzweck=
mäßigsten Bemerkungen.

Darüber mochte wohl eine halbe Stunde
verstrichen sein. Draußen erhob sich der Wind
und peitschte den Regen an die Fenster. Im
Uebrigen blieb es in der etwas abgelegenen
Straße, die weiter abwärts in den Hof eines
ehemaligen Klosters mündete und, aus diesem
eine Krümmung machend, das nahe Thor erreichte,
sehr still. Die Straßenbeleuchtung war, wie damals
noch überall in kleineren Städten, so unzuläng=
lich, daß die wenigen Laternen, welche angezün=
det wurden, die Nacht nicht wirklich erhellten,
sondern die Finsterniß nur besser erkennen ließen.

Unter lautem Herzklopfen vernahm Anton
Wacker, daß seine Begleiter die Zelle des Gefan=
genen verließen. Sie sprachen nicht, aber ihre
Tritte auf dem breiten geziegelten Corridor waren
zu laut, um unhörbar zu bleiben. Dieser Mo=
ment mußte für Caspar Spät entscheidend
werden.

Genau vertraut mit den Gewohnheiten Fri=
dolin's, hatten die Freunde Caspar's auf diese
vorzugsweise ihren Plan gegründet. Sie hofften,

es werde Anton gelingen, den leidenschaftlichen
Verehrer des Patiencespieles so zu fesseln, daß
er Hören und Sehen darüber vergesse. — Geschah
dies, so war Caspar in der Verkleidung, die er
in seiner Zelle mit Hilfe der Freunde angelegt
hatte, gerettet, denn der verschlafene Schließer
hatte in dem Halbdunkel, das die Gesichtszüge
der einzelnen Personen ohnehin nicht erkennen
ließ, schwerlich ein Auge für Physiognomien.

Leider aber hörte Fridolin schärfer, als man
erwartet hatte. Er hob lauschend den Kopf,
wandte das Gesicht der Thür zu und pausirte
im Spiel, als er Tritte auf dem Corridor ver=
nahm. Dem in diesem Augenblicke gerade sehr
laut sprechenden Anton gebot er sogar barsch
Schweigen.

Es stand Alles auf dem Spiele, wenn der
Stockmeister die Gruppe der Fortgehenden mit
seiner Lampe beleuchtete. Das sah Anton ein,
und darum mußte er, um den Freunden Zeit
zu schaffen, zu einem verzweifelten Mittel grei=
fen. Er stieß an die Lampe, daß sie umfiel und
auslöschte. Gleichzeitig hörte er draußen den
wach gewordenen Schließer nach dem Studenten
fragen, da er die fehlende, bunt umränderte
Mütze desselben vermißte.

Fridolin erfaßte die Hand Anton's und
sagte:

„Ich führe Sie, es wird hohe Zeit."

„Aber das sind ja schon drei Personen!"
schnarrte der Schließer. „Wo ist die bunte Mütze
geblieben?"

Da schurrte es vor der Thür und man hörte
einen schweren Fall ... Fridolin, von Anton fest=
gehalten, tappte nach der Thür. Ein Schlag
von des Studenten flacher Hand traf den Schirm
des Stockmeisters, daß sich der Reif über die
Augen schob und ihn vollkommen am Sehen
hinderte. Zu gleicher Zeit erhob Anton seine
Stimme, indem er mit großem Pathos ausrief:

„Nimmer versuche den Göttern zu wehren, was klug sie be-
ginnen,
Sondern verhülle Dein Auge, das blöde, damit nicht getroffen
Von der vernichtenden Macht ihres Blick's zu dem Hades Du
wanderst!
Traun, nur der ist ein Weiser zu nennen und himmlischen
Stammes,
Welcher zu schweigen versteht und gehorsam dem Winke sich
beuget,
Der ihm befiehlt, ein Dummer zu sein, wo Klügere handeln!"

Wankend und vergebens an dem Schirme
ziehend, welcher ihm unter empfindlichen Schmer=
zen das eine Auge zudrückte, knickte Fridolin vor

Anton Wacker zusammen. Dieser erhaschte den
Drücker der Thür, schlüpfte hinaus und warf sie mit
Kraft hinter sich in's Schloß... Vor ihm hart
an der Treppe lag stöhnend der Schließer, den
des Schulzen starke Hand zum Falle gebracht
hatte... Wacker voltigirte über ihn hinweg und
erreichte mit wenigen raschen Sprüngen die
Freunde mit dem befreiten Caspar Spät. Als
sie in großer Eile auf die Straße hinaus stürz-
ten, erhob zuerst der betrogene Fridolin ein lau-
tes Hilferufen, in welches klagend der erst jetzt
wieder vollständig zu sich gekommene Schließer
mit einstimmte. —

Friedliebende Bürger kleiner Städte fühlen
selten das Bedürfniß, der Polizei beizustehen
oder derselben gar zuvorzukommen. Das laute
Schreien verursachte wohl da und dort das Oeffnen
eines Fensters, auf die Straße lockte es aber
Niemand. Und als die zunächst Wohnenden sich
überzeugt hatten, daß der Ruf aus dem Stockhause komme, kümmerte sich kein Mensch um die
Veranlassung desselben.

In dem öden Hofe des ehemaligen Klosters
hielt das Fuhrwerk des Schulzen. Die Flüchtigen
erreichten es ungehindert, und als die Flucht
des zum Tode verurtheilten Caspar Spät nach

und nach dadurch bekannt wurde, daß man ihn
bei Laternenlicht zu suchen begann und höchst
complicirte Anstalten zu dessen Wiederhabhaft=
werden traf, war der glückliche Gerettete längst
in Sicherheit gebracht.

Ende des ersten Bandes.

Druck von G. Pätz in Naumburg.

Im Verlage von Hermann Coſtenoble in Jena erſchienen ferner folgende neue Werke:

Mühlbach, Louiſe, Teutſchland in Sturm und Drang. Erſte Abtheilung: Der alte Fritz und die neue Zeit. Hiſtoriſcher Roman 4 Bde. 8. broch. circa 5 bis 5½ Thlr.

Gerſtäcker, Friedrich, Eine Mutter. Roman 3 Bde. 8. broch. 4½ Thlr.

Stahl, Arthur, Ein weiblicher Arzt. Ein Roman. Zweite Auflage. 2 Bde. 8. broch. 2 Thlr.

Erneſti, Louiſe, Zwei Fürſtinnen. Roman. 2 Bde. 8. broch. circa 3 Thlr.

Höcker, Guſtav, Sein und Nichtſein. Erzählung. 8. broch. circa 1½ Thlr.

Breuſing, Hermann, Ein Geächteter. Lebensbild. Zweite Abtheilung. 3 Bde. 8. broch. 3½ Thlr.

Diezmann, Auguſt, Frauenſchuld. Roman. 2 Bde. 8. broch. 3 Thlr.

Bibra, Ernſt Freiherr von, Ein edles Frauenherz. Roman. 3 Bde. 8. broch. 4¼ Thlr.

Guſeck, Bernd von, Der Graf von der Liegnitz. Hiſtoriſcher Roman. 3 Bde. 8. broch. 4¼ Thlr.

Andree, Dr. Richard, Vom Tweed zur Pentlandföhrde. Reiſen in Schottland. Mitteloctav-Format. eleg. broch. 1 Thlr. 22½ Ngr.

Berlepſch, H. A., Die Alpen in Natur- und Lebens-Bildern. Dritte Auflage. **Für den Reiſegebrauch redigirt.** Mit 6 Illuſtrationen in Holzſchnitt. 8. eleg. geb. 1 Thlr.

Fels, Egon, Die Roſe von Delhi. Roman aus der Zeit des indiſchen Aufſtandes unter Nena Sahib im Jahre 1857. 4 Bde. 8. broch. 5 Thlr.

———